直到最後的最後，我都會堅持下去！

小律師的逃亡日記 2

不要害怕重新來過，
那些太多的來不及，
其實都是自己給自己的藉口……
就算起步晚，也許繞點路，
終將在夢想的路上，迎接更好的自己。

作者——黃昱毓

說在前面

對於著手寫第二本小律師日記這一件事，我思考了很久。一直以來我所抱持的想法非常簡單，就是希望能將我認為有用的資訊、正確的態度以及積極的想法傳遞出去。在一路成長的過程中，我感受到人生能不能過得有意思是真的可以完全掌握在自己的手裡。這裡我不講平凡不平凡，只說有沒有意思，因為我已經理解「不平凡」終究是抽象的概念，在客觀跟主觀上的標準人人不同，但「有沒有意思」就是完全取決於自己的主觀感受，怎麼讓自己覺得自己活得很有意思。

對於我而言，要活得有意思就是不間斷的學習與挑戰。在上一本書《我不是叛逆，只是想活得更精彩：小律師的逃亡日記》的最後一段我有說過，我想成為一個帥氣的人，在每一個我想嘗試的樣貌上都能活得自在、游刃有餘。現階段的我從過去的打工度假、留學生到已經正式在日本上班，我再度經歷了一段用盡力氣努力與成長的過程。即使還不到終點，但感受是那麼深刻，我想趁著這份感受還溫熱的時候，把這一段過程分享出去。

在外國工作生活，是很多人嚮往的事，這不見得是一件最正確的決定，卻是最巨大的挑戰，需要最大膽的嘗試。每個人有自己的追求，我從不去評論或代為判斷怎麼做是最好的選擇，因為這就是自己的決定。但我最期待的，就是在有人有那麼一點點想出走的念頭的瞬間，而我能夠給予最可靠的建言。

每個人從小到大，有過不同的機遇與歷程，那包括家庭、教育、考試、工作經驗，人被用不同的尺，被標記下自己的定位。但自己真的就是別人說的那個樣子嗎？因為小學時沒有讀過資優班、因為高中時沒有進入明星高中、因為大學時沒有考到理想志願……很多評量、選擇、壓力、自己想的、別人說的、老師教的，客觀的、主觀的種種因素累積下刻劃出的自己，這個自己，真的就是最真實的自己嗎？是自己最喜歡或是最可以接受的樣貌嗎？

我已走到三十歲的中後段，至今為止覺得體悟最深的一件事情，就是不讓別人告訴自己要去做什麼、可以做什麼、做不到什麼的這一件小事。就算過往的種種經歷讓我明白自己很平凡，但過去的無能為力不見得適用將來的自己。尤其最樂觀天真的想法，就是我真的深深地並且堅定地認為過去的那些做不到，是因為當下的我不知道而已。不是做不到，只是不知道而已。

人跟人之間那些主觀與客觀的高低，最大的變因就是開竅得早晚。在國中階段，成績好的學生們知道要讀書（這裡不討論天才，我們就說一般人就好），所以他們認真讀書，而取得了好成績（這裡我們也不討論成績是不是最重要的事情）。成績不好的學生不是頭腦比較差，只是在那個當下他們不知道要讀書，不知道讀書是一件重要的事情，所以他們因為成績不好而被認為比成績好的學生條件差。因此，能不能在關鍵時刻的當下知道什麼是重要的事情、什麼是應該做的事情，這一個開竅時刻的早晚，變成決定一個人客觀被別人評價好與壞，更成為在未來的發展更容易與否、更快速與否，一個重要的關鍵。

但一個這樣簡單的道理，卻變成人對自己最大的束縛。人們輕易地讓過往的成敗評斷自己，卻忘記人生是一個很大的整體，成長一直在繼續、進步一直在持續，新的挑戰、新的契機，不會因為過去的失敗，新的機會就不會再來臨。人很容易執著於過去自己的做不到，忽略當下的自己也許辦得到，對過去不知道可以做的事情，忘記現在的自己也許可以馬上開始嘗試去做。

所以我從來都不害怕重新來過，過去考不進的名校，我重新再考一次；過去懼怕開口的英文，我從頭學過一遍。現在的人生還在進行，現在終於想通覺得重要的事情，為什麼不能現在就開始去做？人生就是一個整體，現在做跟過去做其實沒有什麼不同。那些太多的來不及都是自己給自己的束縛（或是藉口），什麼是來不及？不跟別人比，哪有什麼來得及來不及，那為什麼要跟別人比？你只要對你自己負責就可以。

這樣一個體悟是我想寫在最前面的，因為這不是只寫給剛出社會的年輕人看而已，我有這些嘗試與突破時早就不是剛出社會的自己，所以這些內容適用於所有對自己現狀不安，想到國外尋求突破的任何人。

至於一定要到國外嗎？當然不一定，這取決於個人的選擇。只是我從不說自己不知道的事情，因此也是站在自己經歷過的基礎下，分享認為最實在的建議。而我因緣際會最後選擇留在日本，所以這本書的設定除了是一本分享自己經歷的自傳外，更會是一本想挑戰在日本工作很實用的參考書。

對於我而言，站在巨人的肩膀上是最快速便捷的成長。不是做不到，是當下不知道而已。所以我不懂就問人，更看別人怎麼完成。現在我走到一個段落，達成一個小小的里程碑，我就想要像是小巨人一樣讓大家站在我的肩膀上，如果能夠接受我的想法，嘗試我的嘗試，就能夠用我的眼睛去看這個世界。

基於這個想法上，我把整本書分成四個單元，大致來說是在語言、態度、方法、實踐上，分享我的親身經歷與感受，當中還包含很多實際的執行技巧，這些態度與方法不見得是最棒的，更不可能是唯一的，但我覺得它們真的有用，幫助我一步步地完成目標。因此我不謙虛地將這些平凡卻踏實的內容寫出來，期待只要有那麼一位想到日本來工作的人，甚至想挑戰國外任何地方的人閱讀了這一本書，認為這些態度與方法能夠成為很棒的參考的話，那這一本書的完成就是非常值得的了。

目錄

Contents

第一章

想唸好外文，就要這樣做

語言是在國外生活的重要鑰匙，
努力取得這把鑰匙，
才能打開通往寬廣世界的大門。

找到學習語言的理由

學習目的愈強大，愈能支撐自己迎向挑戰

如果你對語言學習充滿迷惘，總是無法下定決心完成它，根本原因在於沒有強大的目標和理由。不去跟別人比較，不去想輸給別人多少，如果可以、也願意做，那就從現在開始加把勁。

在這本書的最一開始，我要說件最基本也是最重要的事，就是「語言」。為什麼要先說語言呢？因為我深刻地認為語言就是一切的根本，它是通往另一個世界的大門，是一把鑰匙。不了解語言的重要，在冒險的路上會更為艱辛，也會有很大的侷限。

世界比想像的大多了

我是整個家族第一個出國留學的人，可以見得我不是出生在一個擁有世界觀的家庭，不是說我的父母對我的栽培不夠，相反的，他們盡可能地幫助我，但他們沒有能力告訴我，擁有一把通往世界的鑰匙是多麼的重要。在學生時代我極度排斥英文，甚至選擇了法律系，讓自己與外語的世界脫離得愈來愈遠。我不認為不會英文在這個世界上會活不下去，身邊也沒有人因此而活不下去，但我忽略了，有更多的人因為會說英文而能走向更遼闊的世界，探索更寬廣的天空。

相較於我接觸過的這麼多外國朋友，台灣人是非常喜歡向外跑的民族，書店充斥旅遊書以及冒險傳記，這麼多的資訊告訴我們這麼多的旅遊小確幸，卻很少有一個正確的聲音大聲地告訴我，在小確幸之外，向外學習有多麼重要。這個世界有進步國家、發展中的國家、甚至落後國家，每一個地方都有不同的條件，因此發展出不同的文化與文明。台灣有台灣的美好，但也有侷限的地方。而我們最大的侷限，就是不清楚台灣在這個世界有多麼渺小，然後把自己放得太大，花太多精神專注在自己身上，卻忘記可以更謙虛地、更快速地去向外國學習借鏡。

我第一次看到詳盡的外國新聞的報導是在澳洲。我驚訝於澳洲的新聞大篇幅地放送國外的消息，不管是政經新聞甚至是體壇捷報，都願意花上一個時段報導。而日本專門分析時事的節目，甚至可以針對台灣的一次選舉結果特別做專題，不僅圖文並茂的解說，更有該領域的學者專家參與評論，不像台灣名嘴的作秀與煽動，更多的是嚴肅的批判跟分析。但很可惜的是台灣媒體是很封閉的，除了中國與日本外很少有外國的消息，寧願每十五分鐘就重複放送某位名人外遇的花邊故事。這可能是因為台灣媒體認為台灣人民只喜歡市井生活的八卦，而僅報導這一類的新聞，讓民眾也以為自己只需要知道這些消息。

因此，在台灣媒體擴大視野以及整體受眾的程度提升之前，如果對新知充滿渴望，最好的途徑就是直接接受外國的資訊。網路已經打開世界的大門，讓知識無遠弗屆，不怕搜尋不到資訊，只怕你沒有能力接收。如果你有充足的外語能力，能直接閱讀外文而不需要透過第二手的翻譯，那你的消息就是最快的、誤差最小的，不需要依賴他人的解讀、承受被掌握或誤導的風險。這樣有什麼好處？像我在前言裡說過的，做不到不是自己不夠優秀，只是不知道而已。如果知道的事情愈多，可以參考的範圍就愈廣，那麼能嘗試的機會就更多。

語言是開啟知識大門的鑰匙

舉個簡單的例子，我從來不知道一個拿台灣律師執照的人，也可以在日本以「外國辯護士」的身分工作。律師工作是非常地域性的，更因為主權的關係，使一個國家的法律只適用在當地。曾經我羨慕到國外唸書的朋友，因為我一直以為台灣律師就只能在台灣工作，如果沒有到日本來，沒有日文能力搜尋及閱讀申請的資格與條件，那我將永遠不會知道，我一樣能從事我最嚮往的律師工作，在台灣以外的國家。當然也有很多樂於分享的人，像現在閱讀這本書的你們就透過我知道了這一件事，但這永遠是第二手的、慢半拍的，如果政策有變化，甚至有更好的職位選擇，你就不能夠即時知道。所以語言的重要就在於讓自己知道的愈多愈好，即使不能走在世界最尖端，但至少可以走在大部分人的前面了。

在菲律賓遊學時，我遇到來衝刺三個月英文就要去澳洲打工度假的韓國人。在韓國，畢業之前嘗試一次外國的生活是非常流行的，他們甚至不惜休學一年也要來一趟壯遊。但在出發前，他們都知道要先提升英語能力。在日本留學時，博士班的學長姊各個都有第二、第三外語的專長，這不是明文規定的畢業門檻，但他們知道這是作學問的基本能力。如果只會日文是無法成為一個研究者的，能夠閱讀英文的研究報告甚至還不足夠，如果是憲法領域的學生會加強德文，若是國際法的學生則是法文，語言就是開啟所有知識與訊息大門的鑰匙，你要愈傑出，就要有愈強的外語能力。

錯誤的學習方式換來恐懼

我想我是最有資格講「學語言」這一件事的人，因為過往在學語言上遭遇的創傷實在太大。我大概講過一百遍自己是很沒有學習語言天分的人，如果還是無法讓大家有個概念，我來講講小時候的故事。

我國中最一開始就讀一間私立女校，我認為唸這間學校是錯誤的決定，是英文學習的痛苦開始，是的，我打算一開始就把英文不好的問題全部推給老師。

在這間學校裡，大部分都是受到用心栽培、家境小康以上的學生，更不用提很多都是畢業後就準備出國的富家子弟，在入學前幾乎所有學生都上過美語班，寒暑假也常常去國外遊學。那時國一的英語老師，正常都是要從最基本的ｋｋ音標開始教起，但因為學生平均素質太高，所以老師把很多基本的教學都跳過，犧牲了像我這樣普通的學生。所以我的英語基礎建立在很零碎的起點上，我不會讀音標，不會唸課文，大部分的單字都是在我寫一千遍後一個一個字母硬背起來，這樣的學習方式對語言來講是很致命的。語言就是一個溝通的工具，閱讀與書寫都是其次，重要的是聽和說，你要會聽才會說，會說才會用，這才是語言。我把它當成雕刻在讀，一個一個字刻劃，硬背下每一個單字、每一個文法，但我的腦海裡沒有聲音，看到整篇英文反映出來的不是一段對話，看到每個單字就像在看一個形狀，我只能硬記著那些形狀，讓我在考試時能正確地描繪出來。

這樣的學習方式持續到高中，我的英語成績徹底崩壞。因為高中的單字量遠超過國中，甚至不限縮在課本上，那讓我腦中要記憶的形狀徹底地超過額度。在一次英語課裡，老師要求同學們背下一篇課文的內容，並且上台做英語演講的練習。那次真的讓我很驚慌，因為我不會說英文，不是不會對話，是連單字都不會發音。我準備了很久，還讓同學幫我錄音、不斷演練，但這堂演講考試我還是重考了好多次，最後是在老師睜一隻眼、閉一隻眼的情況下，讓同學偷偷地躲在講桌旁提示我，我才能在台上把整篇課文唸完。

就是這樣的經歷，讓我對於學習英文非常絕望，雖然當律師是我一生的志向，但也不能否認法律系只唸中文法條讓我鬆了一口氣，也成功地讓我此生沒有因為英文而被埋沒下去。題外話，我在大學拿過書卷獎第一名，但也有唯一被當的一科，就是大一英文。

給自己一個克服語言障礙的機會

好險我天生就不是一個會放棄自己的人。

英文不好這一件事讓我耿耿於懷，不能理解究竟犯了什麼大錯，要讓英文這樣回報於我。所以在當律師一段日子之後，我毅然決然辭掉工作，踏上這條與語言學習密不可分的人生道路：去菲律賓學英文、去澳洲打工度假，甚至不滿於此，更在日本唸書、就職。如果語言對我來說是學生時代的夢魘，那我已成功將它轉型為在國外求生的唯一依靠。我就是要這樣跟語言一生拚搏下去。

坊間大部分語言教學書籍或補習班，是由具備語言天分以及對語言非常有興趣的老師所撰寫與教授的，其實他們不太能理解我們英文不好的人的痛苦。但我可以理解你，如果你也跟我一樣曾在英文汪洋裡浮沉，更要相信我。像我這樣的人都沒有放棄，甚至現在這個年紀了還在學第二種外語（日語），那你一定要試著給自己一個機會克服，因為語言真的很重要，它可以幫助你發現新世界。

找到非學會外語不可的理由

如果問我決定學日文的目的是什麼，我會說是因為想成為有特殊專長的律師。在律師這個競爭的行業，每個人都太優秀了，如果沒有自己的特長，很難在環境裡展露出來。我在大學時第一次接觸日文，是在一堂基礎的法學日語課程，當時英文的能力還是很差，但我拚命想找到自己跟別人的差異點。那時的我認為日文是一個很好的手段，從此這個念頭一直牢固的放在我的心底。

從二〇一一年開始挑戰自己一生一次的海外壯遊，我一直不斷地告訴自己不管中間去到哪些國家，日本都要是我的終點站，因為學習日文對我來說太重要了。如果律師是我一生的志向，那成為日文律師就是我的終身職志。因為有這樣的決心，才會讓我走遍英語系的國家之後，毅然決然地來到日本。

這樣的歷程讓我明白，對我這樣一個學語言沒有天分、連學習的方法都要仔細琢磨推敲、無法直覺地感受怎麼樣能說好一種語言的普通人，強烈的學習目標就變得非常重要。在學英文與日文的路上，我看過很多前人的經驗，也加入多國語言學習的社團，有些人可以不帶有任何目的、很單純地沉浸在外語的學習裡，為了學而學。我覺得這個方法在自己身上是行不通的，因為學語言對我來說太困難，我還有很多其他的才華，有其他更有興趣的事物，也有較輕易就可以滿足成就感的學習。如果要我投注這樣大的精力在語言，那背後的目的就很重要，它必須強大到我可以捨棄其他選項。

如果你對學英文或日文覺得迷惘，總是無法下定決心完成它，根本的原因就是不具備強大的目標以及理由。在欠缺外語能力的情況下，如果你仍然能活得有精力並且舒坦，那不見得一定要這樣強迫自己。除非你也像我一樣，對於整個世界爆炸的新知有強烈的求知慾望，執著地想成為能善用外語突顯自己特色的日文律師，那就有必要折磨自己，強迫自己完成一件明明不擅長，卻要變得很擅長的事。總結來說，英文學得爛漫又散漫的我們，最重要的開頭就是給自己一個堅強的學外語的理由。

現在就是開始的那一天

在日本，一切從頭開始。從最基礎班開始上課，從最簡單的文法開始學起，室友都已經是日語一級高手，而我還在背動詞變換。那時的我已經三十一歲了，這突破三十大關的數字無比沉重。時間一直是最可怕的阻力，常常提醒我們已錯過多少光陰。我和大家一樣都會徬徨，不確定現在的自己還來不來得及。但其實這些真的都不需要在意，如果將人生俯瞰的話，事實上我不過就是剛越過三分之一而已。過去的時間不管是虛度還是犯錯，未來的時間都在進行，如果一直往回看，那怎麼專注前方？所以我不回頭，也不要回頭，未來就在眼前。就從現在，催眠自己還是可以精力充沛地、有餘裕地開始一件事，一切都來得及。

很慶幸當初的自己還是下定了決心，將自己擺放在零的位置重新開始。不去跟別人比較，不去想已經輸給別人多少，如果現在的我可以、也願意，那就從現在開始加把勁。就算未來很遠很模糊，成效在哪裡、做這些是不是值得都還不清楚，也不要讓自己猶豫，因為語言是需要事先準備好的武器。尤其像我這種在學習上以累積取代天賦的策略，最需要的就是時間。馬上、現在就要開始。

持之以恆，努力不會辜負人

從小我就是一個全身無比僵硬的人，第一次知道瑜珈這個運動之後，我開始長達三年不間斷地練習。當時在準備律師考試的我，因為肩頸僵硬加深考試的痛苦，我一方面想讓痠痛減輕，一方面也想給自己一個放鬆的管道，所以報名了學校的瑜珈課程。從一開始彎不下身，經過三年的練習不僅身體變得柔軟，更讓我知道怎麼深呼吸，怎麼讓身體放鬆、得到休息。這是很不可思議的過程，一個禮拜僅有一次的課堂，竟然能讓身體產生這樣大的變化。從此之後，我不再有過肩頸痠痛，即便已經不做瑜珈好多年，當時的改變早已經深化在身體裡。生活中的一件小事，只要持續不間斷地做，在不經意之間就可以有這樣大的累積，更何況是對自己來說更偉大的事情？要真正改變人生，更需要有持續下去的堅定。

我清楚認識自己，不會因為從小到大的英文成績而認為自己一無是處，也知道我的能力在哪裡，我對於中文有很高的理解力跟組織力，可以很快地閱讀文章並且整理出重點，也能夠很快地在腦海裡整理架構，迅速地撰寫文章。除此之外，我也有很強大的意志力，只要下定決心，就不會輕易放棄，可以展現比常人更強的忍耐力跟毅力。這是過往參加律師考試發現的，我的優點。即使換了中文以外的語言後，我瞬間失去自信、變得驚慌失措，但每個人都有自己擅長的部分，也有脆弱的部分，不需要放大自己的短處，而覺得自己處處不如人，更重要的是懂得利用自己的長處。

我細數自己擁有的，如果有堅強的意志力，也有恆心和耐力，那即便不擅長學習外語，我也有能力跟它長期地抗戰，只要有目標在前方。開始是最困難的，但開始之後，只要有熱忱也能不間斷地持續下去的話，努力是最不會被辜負的事情，長久的累積終究有那麼一天能夠取得成果，我就是這麼相信的。

我一定會變成語言高手。

強迫學習，比獨自摸索有效

在國外學語言，環境就是最大優勢

在學習的開始，降低不安是很重要的事。配合語言學校的課程，不只不用花太多心思擔心進度安排，也可以強迫自己唸書，更重要的是投入全外語環境，真正讓語言進入生活。

到日本之後，我的日語最先是從語言學校開始學起的。在學校學語言是一種填鴨式教學，很多專家認為可能不是最好的學習環境。但對我而言，能在別人帶領下開啟一個新的語言，是很安心跟踏實的。這跟我本身蠻適合填鴨式的教學也有關係。對於外語，我沒有自主學習的天分，如果在進入陌生領域的一開始，有人可以告訴我：妳今天把這個部分背下來就可以、把這個部分的習題寫完就可以，那會大幅的減少我的恐懼。在學習的開始，降低不安是很重要的事情，如果花太多時間在尋找自學的方式與方向，因為沒有把握，很容易在嘗試一種之後又輕易嘗試另外一種，無法貫徹結果漸漸喪失自信，一下子就想放棄。但如果是配合學校的課程，就不用花太多心思擔心到底要怎麼起頭、要從哪個部分下手，甚至是要唸什麼教材，都不需要花費時間擔心。

另外，語言學校也是一種強迫自己學習的方式，透過老師的教學管理跟學校安排的考試，可以強迫自己無論在如何忙碌的情形下，也要空出一段時間唸書。這對一開始決心不夠的人，會有很大的幫助。我在大學時有修過一門法學日文，結果到學期末都沒有把五十音成功的背起來。我相信不只是我，很多人光五十音就背了一輩子。後來進入語言學校裡，五十音背不起來根本無法進行後續的課程，老師不斷地大考小考，三天就讓全班都背起來了。這告訴我們適當的壓力也很重要，即使廣告上說要自然而然地學習語言，但若沒有老師的緊迫盯人，根本無法把效率拉到最高。「有效率」就是去學校上課最大的好處。

用交朋友建立語言練習圈

在大阪，語言學校的環境其實大同小異，不會有一個校園的感覺，而是一間又一間的教室。除了教室，就是老師的辦公室，很少有學生的交流空間，可能連用餐的學生餐廳也沒有。這讓我一開始蠻失望的，因為我一直期待重回校園，重溫大學時上課讀書、下課跟同學嬉鬧的日子。日語學校雖然名為「學校」，但其實比較像補習班。

課程的安排一般是半天，即使有的日語學校會安排一整天，其實也僅是增加一些輔助的選修課程，例如電影或音樂，或為要在日本升學的學生所加開的考試輔導班。大部分的重點課程一天就是四節，兩堂是課本內容的教授，著重在文法，另外兩堂會比較活潑，可能是會話或是聽力練習。但教室內的陳設是一張一張桌子面向黑板排列，比較難有團體活動，大部分是跟隔壁的同學練習對話。

我選擇的是一間韓國人較多的日語學校，本來的目的是避免接觸中文，但學校裡中國人幾乎占了一半。在上課的時候，有充分的時間聽老師講課，但多是老師單方面的教授，對話的時間比例很低，下課後也容易聽到同學間用中文交談。不過這間學校最活躍的還是韓國學生，他們是一個很龐大的集團，聲音非常大，性格也比較強，最重要的是韓國人學日語非常快，特別在口說。聽說韓語的文法概念與日語有九成相像，台灣人很難克服的助詞用法，例如容易搞混的「は」跟「が」，韓國人完全沒有這一方面的困擾。我曾經向他們討教是怎麼區別的，但他們其實也不知道，因為韓文也有這樣的助詞，他們只是直接轉換而已。也就是說韓國人其實自帶日語的語感，他們在句型排列、動詞變化以及助詞的用法上，都有相對應的韓文用法，因此他們使用上不會有任何的困擾。相反的，完全來自不同語系的台灣人，唯一的優勢就只有比日本人懂更多漢字而已。

為了提高語言的使用率，我把交友圈放在跟韓國同學的來往上，因為這樣才能增加使用日語的機會。曾經有學校的其他台灣同學說過，我似乎比較喜歡交韓國朋友，其實不是對韓國朋友有特別的偏好，只是因為如果有了要好的台灣或是中國朋友後，容易在心理上產生依賴。當日語的使用不是那麼必要的時候，按照我對外語那麼沒有自信的性格，很容易會逃避使用它。

學生百百款，程度各不同

在日語學校的學生程度也是參差不齊的，因為大家抱持著不同的想法來到日本。按我的經驗分析，越南學生是上課最不認真的。一般來說，從越南來到日本的學生，家境都不會太差，因為在簽證的階段似乎就會確認過他們的經濟狀況。但越南學生似乎對打工非常執著，也可能是日本打工的時薪太過誘人，他們多半會選那種特別吃力，或工時特別長的工作，然後上課時間就打不起精神。韓國同學打工的比例也不低，而且很多是用打工度假的名義過來的，早早就找到工作。但因為語感的關係，他們即使忙碌於打工，成績也不會太差。

學校裡也有很大一部分是要繼續升學的學生，不管是考大學、研究所或是專門學校，這些學生特別認真，學校成績最好的幾乎就是這一群人。而中國學生則是很特別，幾乎橫跨越南學生到韓國學生，各種程度的都有，有為了升學非常優秀認真的，也有為了打工幾乎不來學校的人。

根據中國同學的說法，能夠來日本留學的學生並非都是經濟條件很好的，但他們出國的企圖心非常強烈，家裡也都盡力的支持。有些學生來到日本為了取得居留簽證，甚至要繳上一大筆的仲介金；有些來自農村比較貧困家庭的小孩，來到日本後就要努力的打工賺取生活費。也因此，被金錢迷惑而誤入不良場所的學生也有，我就曾經聽同學說她的朋友晚上在風俗店打工。風俗店是有點像女性坐檯一樣的酒店，在日本的法律上，持有留學簽證是嚴格禁止在風俗店打工的。教室的牆壁上其實也貼有禁止在風俗店打工的標語，因此我想這樣的情況應該是真實事件。

曾經坐在我旁邊的一位才十八歲的中國女孩，她非常少來上課，每次來總是很累的樣子，偶爾幾次她會穿著很華麗、像薄紗的衣服來上課，妝容跟指甲也都是非常鮮豔、不像學生的樣子。對於她的傳聞很多，但她幾乎不跟其他人來往。有一天她跟我說，她下學期開始可能不來學校了，因為她有簽證了，要在大阪開一家美甲店。我聽了覺得很奇怪，如果是自己要在日本經營事業，必須要有一定金額以上的投資額度，加上固定收入，才能取得「經營管理簽證」。她如果是要開始自己的事業而從學校離開，真的有本事取得簽證嗎？她離開學校之後，我才輾轉得知她其實結婚了，對象還是一個大她四十多歲的日本男人，有人說她是找到人假結婚了。

還有一位楊桑一直讓我印象深刻。這位楊桑在學校已經很久了，卻因為考試無法通過而被留級，一直待在初級班。我一開始的第一個班級就是跟他同班，他完全不肯說日語，老師的任何問題他都用英文回答，因為他之前待在澳洲，為了不明原因被迫離開後，才輾轉來到日本。據他告訴我，他是在一胎化的年代偷偷生下的第二胎，還因此讓他爸爸丟了在法院當法官的公職工作，轉行當律師跟經營牧場，家境非常富裕。他就是一個被寵壞的孩子，非常任性妄為，上課不是在睡覺，就是跟老師作對。考試時，坐在我前面的他一直想偷看我的，被我嚴厲拒絕。但這樣的一個人，卻有非常好的音樂天賦。他鋼琴彈得非常的好，不肯讀書、不肯唸日文的他，卻三不五時自動自發地租音樂教室的鋼琴練習。我聽了一次他自己錄下的演奏驚為天人，真的彈得非常地好。後來竟然也因為這項技能，在抵死不肯好好唸日文的情況下還是被音樂學校錄取，可見他的琴藝有多高。

跟著母語使用者學習最有效

這些小故事好像愈説愈遠，跟學日語沒有關係，但我想要表達的是日本學校裡有來自這麼多不同國家以及背景的學生，整個學校的學習風氣並不是自己可以掌控的，也有可能交到不想唸書的朋友而影響自己的學習態度，甚至花很多心思在交朋友身上而減少了唸書的時間。這些風險發生在台灣日語補習班的機率較低，因為會報名成人外語補習班的，大部分是對學日語有一定想法的人。既然如此，究竟為何要大費周章地跑到日本學日語呢？這就要引導到我説這些故事的重點，也就是在外國學語言的理由。

在台灣，其實就有很豐富的外語學習環境，有一學期的課程，也有一整年無限上課次數的，甚至專門應付語言能力考試的都有，只要有強烈企圖心的人，一定能找到適合的補習班。但為什麼需要到國外唸語言？我覺得最重要的差異在於教授的老師是不是說母語的人。

我認為一定要讓說母語的人幫助你提升語言能力，不是教得比較好，他們沒有經過訓練，甚至連文法都不會教。但他們能給你最自然的用法，而不是制式的跟著課本唸。我剛開始上課的時候，一起打工的日本女孩說我的日文很「きれい」（意指漂亮），我詳細詢問她說「きれい」是什麼意思，她說好像課本上的句子。由此可見這不完全是一種誇讚，因為這代表我說話並不自然。在台灣其實也有很多外籍老師，但每一間補習班的外籍老師數量有一定的極限。在國外卻可以充分遇見說母語的人，不管是在學校、電視上，還是走在馬路上，人人都可以是老師。對我而言，語言不是要考一百分，不是漏了一個助詞就應該被扣分，而是一種溝通的手段，能在說母語的人的耳裡聽起來舒服自然，也能聽明白說母語的人習慣的說法，因此不管是粗俗的或高尚的用語都值得去學，這些也是書本上面沒有的。

讓語言進入生活才是真的學會

語言最重要的一道關卡，就是把耳朵打開，並且能直接說出來。這個輸出與輸入間如果能在你聽進了日語的同時，不用先在腦海裡翻譯成中文，再把中文回答翻譯成日文說出來，而是直接反射覺得這句日語就應該用這句日語回答，達到這種語言的直覺，不需要透過自己的母語轉換，才代表你學到了這個外語。這種養成沒有在大量的外語環境，眼見的、耳聽的、說出口的都是外語的情況下，只依賴每週上一到兩次、每次一小時的課程是無法達到的，即便每天下課後自發的練習，都有一定的極限。因此我個人認為即使無法得到家裡的支援，需要靠打工一整天來支付日語學校以及生活的支出，也就是我所採取的方式，都有在國外學語言的效率及價值。

因此除了學習環境的差異之外，在外國唸當地的語言學校，最根本的優勢就是能真正讓語言進入到自己的生活。也許語言學校所安排的課程與教材不見得適合每一個人，太過制式的方式與不夠生活化的內容也容易讓人失去興趣。但語言本來就是無法在學校裡習得全部的，學校的課程只會是一個起頭、領你進門，後續一定要將語言融入生活，在生活上應用它，利用在國外的生活經驗將語言能力提升到最高，這才能真正學會一種語言。

語言只是一種習慣

找到興趣、養成習慣，外語自然學得來

只有透過跟當地朋友深入的交往，你才能真正進入到當地的生活；只有結合自己的興趣與喜好將外語融入生活當中，才能拉長學習的熱情與時間。

在日本很長一段時間，我都是靠打工來支付學費以及生活費用。一開始我也會羡慕學校裡不需要打工的學生，不僅沒有經濟壓力，也不會壓縮到讀書的時間。但經歷過這一段時間後我發現，唯有透過打工，才可以學到課本上所沒有的東西，也經由打工，我才能從學校的制式教育與充斥外國學生的環境跳脫出來，

有更多的機會跟日本人交流。

一開始完全不會說日語的我，託了室友幫忙，找到了一份在麵包店的打工，因為是在廚房做麵包的工作，所以我不需要用到很多日語就能勝任，但即便如此，無法說日語還是讓我吃了悶虧。

校外打工更能接觸在地語言

這是一間在車站附近的複合式麵包店，販賣現烤出爐的麵包，再加上咖啡或其他飲料搭配成一個套餐，將近中午的時候，也會提供披薩及義大利麵。這間店的配置是：廚房有兩位廚師、櫃台及外場有兩位服務生。大部分客人比較少的空檔時間，也會有內、外場僅各一個人的時候。我就是負責廚房的廚師，上班的時間是全店最早的，約六點開始做麵包，直到七點半才會有一位櫃檯的服務生來做開店的準備，到八點正式營業。

廚房的工作是非常忙碌的，首先在八點前要先上一部分種類的麵包，配合上班族購買早餐；十點又要再上第二批不同種類的麵包，並且補足早上賣光的部分；到了十一點又要開始接單烤披薩，並且在十二點再上最後一批的麵包。中午忙碌時間過後，又要開始為明天的麵包做準備，要揉好麵團放進發酵箱，並且將所有食材備好料，還要清潔整理廚房。這樣的工作約到下午三點結束，一個人其實很難負荷，所以在十點鐘過後會增加另一個日本麵包師傅來支援。至於外場的櫃台工作相對來說比較輕鬆，除了早餐與中午時段比較忙碌外，其他時候都沒有什麼事情做，因此服務生也會進來廚房幫忙；中午外場櫃台非常忙的時候，廚房也要幫忙出去收拾餐盤等，外場跟內場一直這樣互相配合。

店裡除了店長（其實就是老闆的兒子）之外，清一色都是女性，大部分是大學在學生以及送孩子去幼稚園後出來打工的年輕媽媽。大家的年紀都非常輕，記憶中都只有二十幾歲，因此很好相處。對於店裡只有我這一位外國人，她們會在幫忙廚房工作的時候跟我聊天，教我一些口語的用法，甚至是關西腔。當時我的口說並不好，但因為這份工作的關係，我有很多機會跟日本人說話，一整天下來也有很長的時間傾聽她們說的日語。

逐漸變質的工作環境

但這樣的良好關係到後來卻被破壞了。店長因為同時顧兩間店面，常常要跑來跑去，可能因為太忙碌的關係，他請了一位男性友人加入這間麵包店工作。我其實到現在都搞不清楚這位男店員的地位，因為他也跟所有打工的人一起排班，不像店長一樣自由來去，但從他一進入店裡之後，因為跟店長的關係匪淺，他不斷地把規矩改來改去，甚至指揮其他應該是他的前輩的女店員。事實上，所有的店員都比他資深，也比他清楚店裡的狀況，但我不知道是不是因為日本社會比較傳統的關係，女性很習慣接受男性的指揮。還有一個重要的理由，就是他似乎非常受日本女性的喜歡。據其他女店員說，她們覺得他非常帥，而且很有幽默感，常常把其他人逗得開心大笑。但我完全沒有被他的魅力吸引，我只覺得自從他來之後，外場的女店員都喜歡圍著他聊天，變得很少進來廚房幫忙我了。

到了後來，情況更加惡化。因為麵包店所在的車站另一側，蓋起了一座大阪最高的大樓，人潮通通都往那裡移動，店裡一瞬間人潮少了很多。再加上店裡支援廚房的年輕媽媽，竟然因為太喜歡那位男店員和丈夫鬧到離婚，也把工作辭掉。店長考慮人潮變少，為減少人事開支，從此不再有另一位廚師進來幫忙。事實上，人潮變少，烤的麵包數雖然也變少，但每一盤不同種類的麵包要進烤箱的次數並沒有減少，少了一個人，我的工作量大幅增加。雪上加霜的是，日語學校開始上課後，我只能工作到中午，也就是說，我必須要在中午十二點之前完成本來可以進行到下午三點的工作。我每天只能拚命做拚命做，才能完成所有的工作，耳邊還要一直聽到外場店員們跟男店員的嬉鬧聲，我的笑容就愈來愈少。

學好語言，才能平等生活

有一次在打開番茄醬罐頭的時候，我不小心割破了食指，那是一道很深很深的傷口，許久沒見過湧出來的鮮血，我慌張地找衛生紙壓住傷口。眼看鮮血一下子就滲出，我竟然就像平常被烤盤輕燙傷一樣、下意識地跑去沖大量的水。但自來水卻讓傷口更加疼痛，我緊緊握著拳頭，將食指緊掐在掌心裡，只想趕快將血沖掉、保持廚房的乾淨。沒有任何護理措施，也沒有時間跟任何人討拍，我用較厚的餐巾紙緊緊把食指包住後戴上手套，如果鮮血透出來的話，再換新的餐巾紙，就這樣忍著痛將後面的工作完成。

將近下班時間，店長把我找過去，告訴我這一間店大家要互相合作，在中午的時段因為客人很多，他希望我要記得去外場幫忙。對平常好脾氣的店長來說，這已經是一種責備。我握緊帶著傷口的拳頭，很想告訴他我真的無暇去幫忙；很想告訴他在他不在的時候，其他人都在嬉笑玩鬧；很想告訴他一樣的工作時數，我的工作量是別人的好幾倍；更想告訴他我是最不應該被責備的那一位。

但我什麼都沒有說出口。作為一位律師早就不習慣隱忍，更想做的是握緊拳頭、據理力爭，可是當下的我卻一點辦法都沒有，因為我一句日文都吐不出來。

那是我第一次深刻地知道，要跟大家一樣平等的生活在這裡，把日文學好是多麼重要的一件事。

外語牽繫各式各樣的人

烏龍麵店則是我的第二份打工，跟麵包店不一樣的是，它是一間站著吃的麵店，因此有很多跟客人直接面對面的機會。一開始我都是跟老闆搭檔，因此有麻煩時老闆會出面幫忙，但很多時候自己要學會應對。這是一個很好的練習機會，我在這裡不僅可以跟老闆、跟日本同事，也可以跟客人對話。從一開始簡單的點餐，到後來跟客人及同事聊天，因為工作的時間很長，我嘗試著把課堂上學到的文法應用在生活裡，把因為打工壓縮到的自習時間轉化為實戰練習。會光顧這種站著用餐的小麵館的客人，大部分都是日本歐吉桑，他們用的都是最道地的關西方言，跟學校裡漂亮的日文句子不同，也許艱澀難懂，但更像是真實的語言，最貼近生活，還分外有親切感。

常常光顧麵店的一位大學教授，我們都稱他為蕎麥麵叔叔，因為他每次來都點蕎麥麵，而且會不斷讚揚我們的蕎麥麵有多好吃。他是跟我說最多話的客人，而且每次都只跟我說話。我在當時還是不怎麼能流暢地和日本人對話，尤其是帶有口音的關西大叔，大概十句裡面有八句是聽不懂的，但他總是很耐心地解釋，也會盡可能的理解我想說的話。為了把握跟日本人說話的機會，我發現與其聽了半懂而無法接話，不如由我來主導話題的內容，只要從一開始就知道現在對話的主題，我就更能快速理解或猜出對方字句想表達的意思，而讓對話順暢地進行下去。我就用這樣的方式跟蕎麥麵大叔對談，常常邊煮著麵，邊用生澀的日文跟他聊今天的生活，他也會笑咪咪地回應我。我想他可能是很孤單的，在這樣短暫雞同鴨講的聊天過程中似乎也有得到一些樂趣。而我更是在一來一往中增加了自信：不只有學校裡同為外國人的同學，我跟道道地地的日本人成功地說上了話。

在我考上大阪大學之後，我興奮地告訴他這個好消息，也告訴他我可能必須辭去這一份工作，因為距離學校太遠了。他在吃完麵後，悄悄地去樓下百貨店買了一小盒聖誕節限定手工餅乾送給我，祝賀我考上。這是一個六十多歲大學教授與三十多歲煮麵小妹友誼的一小步，卻是我成功用日語跟日本人牽起橋梁的一大步。外語對我來說就是有這樣的魔力，可以把不同國籍、背景的人牽繫在一起，也更讓我深刻明白語言跟生活密不可分，它就是生活的手段，也要靠生活習得。

單字要應用才會記得

在外國生活的日子，既然已經將自己放進全外語的環境裡，那就不要給自己縮進中文保護罩的機會，而是全方位將語言應用進生活裡。我曾經詢問過一位英語非常好的前輩，究竟是怎麼把英文學得這麼好？他告訴我，他從來不會讓自己錯過任何一個陌生的單字。也就是說，在他留學的過程裡，如果發現任何一個他所不知道的單字，他一定會把意思查出來並且記到腦海裡。我說我也一樣常常在背單字，但是單字背過就忘記了，他告訴我一個非常重要的觀念：我的單字只進不出，所以才會記不住。他讓我試試看，如果今天背了一個單字，那就無論如何一定要在當天把那個單字使用出來，不管是寫信還是跟人對話。他說只要用過一次，我就再也不會忘了。我採取他的方法，效果真的非常驚人。真的只有用過一次，那個單字才會真正成為你的。

書本上說的學習方法有很多，我也參考過很多網路上的各方說法，像是在床的天花板上、廁所的馬桶前面貼上單字表等等，說起來都非常容易，但事實上執行起來很困難，我想這是所有跟我一樣外語學不好的人的困擾。但在國外生活就是有這樣一個好處，我根本不需要到處張貼單字表，因為單字無所不在。不管是電視的字幕、泡麵蓋上的食用說明、走在路上看到的所有廣告，處處都是學習語言的資源。要在生活中發掘單字，根本一點都不費力，手機的app也可以馬上搜尋到解釋，唯一需要突破的關卡，就是如何把單字應用出來。

用派對擴展外語交友圈

除了打工之外（因為不是每個人都像我一樣命苦），交朋友就是最重要的一件事了。當然我這裡說的是外國朋友，要將生活中的所有硬體（物質生活）及軟體（人際關係）全部轉換成外語模式。這同樣又是一個說起來很簡單，其實執行起來有點難度的事情，但生活中最首要的目標僅僅是去交朋友而已，想想人生中有過這麼開心的日子嗎？這時候一定有人會問：怎麼教到外國朋友？這個問題牽連的要件跟情境太多，以我長久在國外生活的心得做出結論的話，只能說先把自己放進充滿外國人的環境裡，然後釋出誠意跟善意是最關鍵的步驟。像是你千里迢迢來到日本留學，要積極參加的絕對不是台灣留學生會，而是國際學生交流會；好不容易參加了台日交流party，就不要害羞的只跟自己的台灣朋友圍成一圈。只要成功交到一位當地的朋友，而他也是誠意的願意跟你深交，不用多，只要一位，就能得到超出你想像的回報。

我讀語言學校的時候，因為在賣場唐吉軻德打工，能夠認識學校以外的日本人。在工作中，大部分都是公事上的談話，其實很難有較為深入的交往，為了突破這樣的藩籬，我總是很主動地邀請他們參加share house的party。

這樣的home party模式是我在美國學到的，美國人總是很喜歡在家裡辦派對，即使沒有特別的主題或理由，還是常常邀請朋友或情人來家裡聚餐敘舊。我很喜歡這樣維繫感情的方式，更棒的地方是，不僅僅是對象的親友，朋友的朋友也都很歡迎。我就常常以朋友的朋友的身分跟著到處參加party，透過這樣的方式能夠更加伸展交友圈，大家成為共同的朋友、和諧交往，也是我非常喜歡跟嚮往的。因此之後到了澳洲甚至來到日本以後，我都沒有放棄這樣的交友模式。為了能夠跟日本同事有更多近距離的接觸，我拉著share house的室友們一起下水，大家一起準備台灣式的餐點款待他們。在私底下的活動中，日本同事才會比較放得開，我們還會教他們玩一些小遊戲，大家熱鬧地聚在一起真的很有樂趣，我也因為這層關係而交到了增井、向井、森口這些好朋友。

增井跟森口是從小一起長大的朋友，向井則是增井的同班同學。就是這樣一個牽繫著一個，交織出我在日本人際關係的第一面友誼的網。在進入大阪大學讀書之前，他們是我很重要的一群朋友，增井跟森口帶我跑了一趟奈良、去看日本的世界文化遺產，向井在我生日時幫我慶祝、送我小禮物。那時候的他們都還是學生，是那麼年輕、那麼自由，不介意我跟他們年紀及語言上的差距，不僅用純粹的日語跟我溝通，讓我能有充足的機會將日語應用出來，也教我認識日本這一個國家。我這才第一次感受到自己真真正正地在日本這一個國度裡活著。

只有透過跟當地朋友深入的交往，你才能真正進入當地的生活。

結合興趣，學外語更快速

在來到日本之前，我待過菲律賓、美國、澳洲，都是為了學英文，將自己置身在英語的環境而去的。在這過程中，我感受最深的變化，竟然是在美國無所事事的日子中，將美國影集看過一遍又一遍之後累積的英文實力。從那時候開始，我就很清楚，如果要學會一種語言，最重要的就是打開耳朵跟張開嘴巴。而這樣的習慣，更需要在生活中累積。語言雖然是一種雙向的交流，但即便是自己一個人的時間，也依然可以靠自己跟外語產生互動。

增井跟向井的專業是英語，而向井的韓語也說得非常好。有一次打工時店裡在播放韓語歌，她輕輕地一同唱了起來，我問她是怎麼把韓語學起來的，她說她是靠自學，大量地看韓劇跟聽韓國流行樂，在學唱的過程中就慢慢會說了。

我有一個教英語的大學學姊曾經提過，她美籍的老公在第一次認識她的時候，就誇獎過她的英語發音非常好。她一直不知道為什麼自己的發音會這麼好，直到自己也開始從事英語教學，她才知道是因為她將英語結合了她最喜歡的事物。學姊有一副很好的歌喉，每次一起去唱歌時都會被她驚豔，因為太熱愛唱歌，她不斷地反覆練唱喜歡的英語流行樂，並在練唱過程中仔細地聽原唱的咬字，修正自己的發音，在不知不覺當中，就把英文的發音練得非常好了。

因為事務所的工作常常需要去中國出差，有一次我參加研究會，報告的都是日本律師，因此有一位負責翻譯的女生。我自己有在翻譯日文的法律文書，所以知道翻譯法律文件的難度，更不要說是當場的即席翻譯。我一開始認為她可能是拿著日本律師們的講稿，才可以翻得這樣快速又正確，但因為一些突發的狀況，我確定她真的是當場翻譯。法律用語又艱深又專業，她竟然可以立即翻得無懈可擊。我在研究會結束後立刻去找她討教，告訴她就一個外國人來說翻得真的太好了，在很多關鍵的用語上都能夠翻得很貼切，我實在太佩服了！我請她告訴我是怎麼學習日語的，她雖然在日本留過學，但怎麼說我待的時間都比她長，實力卻真的差太多了。她告訴我，因為她實在太喜歡看日劇，尤其她有崇拜的演員，在看日劇的時候會習慣一直不斷跟著演員們說台詞。她也不查字典，跟不上的地方就跳過，一直跟讀到最後就會有很大的變化，這是她覺得進步最大的一個方法。她還跟我保證，只要給自己每天十五分鐘就好，一開始真的很累，但千萬不要放棄，只要超過三個月一定會有成果，如果超過半年，她保證我的日語一定會突飛猛進。她的方法完全呼應我在美國學英語的方式，但我只是用聽的方法，就可以在聽力跟會話上有很大的進步，更不要說採用她說的跟讀方法。

從生活中累積，讓外語成為反射動作

我有一台Google Home，它是智慧型的音響，連接上網路後可以指揮它播放東西。它會報新聞，也會回答你的問題，因為它目前並不支援中文，只能選擇日文或英文模式，我總是用它來聽英文、日文歌曲，或設定鬧鐘。有一天的早晨閒來無事和它對話，我用英文問它天氣、問它今天的重要新聞，到後來甚至問它幾歲，還像魔鏡一樣問它我漂不漂亮。Google Home竟然真的用標準的英文回我，跟我說如果以存在相簿中的照片來判斷，應該是漂亮的。我被它弄得哭笑不得，覺得自己竟然可以寂寞到如此無聊的地步。但我並不是想要說一個悲傷的故事，而是想明白地舉出一個如何讓外語跟自己具體的生活在一起的例子。

對於我這樣沒有語言天分的人來說，一定要承認學外語絕對不是一蹴可幾，該學習的不是別人的速成方法，關鍵是靠結合自己的興趣與喜好將外語融入生活當中，這樣才能拉長學習的熱情與時間。唯有經由長時間的累積，才能把外語練就於反射神經裡。

不過就是個N1而已

用壓力調整心態，用題庫累積經驗

語言能力本來就是過往各式學習的累積，可以展現在工作或學習上，也可以具體化成一張證書，讓能力真實轉化成武器，幫助你快速的通過篩選、邁向下一場的挑戰。

作為一個身經百戰的考試健將，來到日本必然需要接受日本語能力測驗的挑戰。日本語能力測驗是每一位學日語的人一定要參加的考試，它就像一個身分證一樣，會在你的日本生活中如影隨形，不論是升學還是就職，你都一定會需要它。我曾經是一個非常逃避語言考試的人，因為我認為外語根本不會因為應付考試而進步，反而會減少學習的樂趣。因此我在台灣除了升學聯考以外，從來沒有參加過語言能力的考試。

壓力使人迅速成長

直到我到了菲律賓，才第一次參加考試的學習班。那是為應付雅思的三個月課程，完全都是配合考試內容而安排的。本來最初三個月我選擇的是生活英語學習班，上課使用的教材以及老師的教學內容都是以一般的生活英語為主，不會特地做考試的練習。這樣的學習非常歡樂，因為可以談論的主題比較貼近日常，用語也比較直白簡單。曾經有一位名叫Tone的菲律賓老師，她是法律系畢業的，得知我是一位律師之後，花了一整堂課跟我聊台灣以及菲律賓的法律現狀。當時我的英文口說能力雖然不高，但因為是平常熟悉的東西，所以也能跟她討論得嚇嚇叫。這樣的學習方式一般比較容易上手，很容易提高學習的興趣，作為一開始學習的入手方法非常合適。

但因為是在語言學校，時間就是金錢，自然而然地學習語言比較沒有效率，這時候就需要一些加速的方法。我選擇轉入雅思課程，想想真的是非常明智的決定。雅思課程就是專門為考試而設計的，包括閱讀、寫作、聽力、會話，所有課程都圍繞這四項主題練習，使用的教材跟內容也是考試取向，利用大量的題庫以及制式化的演練，在提高答題能力的過程中連帶加強英語的能力。從學習方法來看，這樣的學習方式非常枯燥乏味，因為題庫的內容不論是文章還是會話主題，都是刻意撰寫出來的，用句過於標準，失去了語言本質上的活潑，就像我們從小到大讀的英語課本一樣。

很神奇的是，這樣的考試訓練班卻讓我的英文程度有很顯著的提升，歸結原因，應該是因為有壓力，壓力會迫使人成長。大部分的人都比較被動，如果不是迫在眉睫的情況，很難全力投入，但如果有考試的期限在前方，就不會飄渺的不知道學習的終點在哪裡。因此將考試作為一個明確的目標，被動地沿著這條明確的道路，藉由大量的做題發現自己不懂的文法或單字，再將自己不知道的文法與單字背誦起來，並且為了熟悉題庫反覆地做聽力演練，或大量地閱讀及寫作，這樣的方式真的很容易讓人進入集中精力的狀態，是給對學習徬徨無助的人一個最簡單的、累積外語基本能力的方法。

別因無法證明自己而錯失機會

我在二〇一二年來到日本，半年後就考過了二級考試。當初是因為在語言學校大家都有報名，我也就一起跟著參加考試。我沒有做任何的準備，純粹認為自己的程度還不足夠，想藉由這一次的考試累積經驗而已。但我卻意外地通過了二級考試，而且還是不低的分數。從此我誤以為日語能力測驗的考試是不需要準備的，只要將基礎的語言能力提升，就能夠在累積一段時間後順利取得一級考試。但這樣的態度，卻讓我一直到通過二級考試的三年後，才拿到下一級的合格成績。

語言考試的證照就像是一張門票，當安穩地待在某個階段的時候，你不會需要它，但它最讓人畏懼的是，當你需要它時，它卻不是一蹴可幾就能取得的。當你錯過這一次使用門票的機會，也可能同時錯過那最好的時機。我進入大阪大學研究所時是透過英文成績入學，那是因為我專攻國際法，對第二外語能力的要求更高（這裡指的是日語以外的第二外語）。我當初興沖沖地跟著印度好友一起參加多益考試，本意是想測試從澳洲打工度假回來後的英文能力進步多少，沒有想到這樣不經意的一小步，卻讓我在申請進入日本的學校時得到很大的幫助，真的是始料未及。也因為如此，我在長達兩年的研究所生涯中都不再把日語一級放在心上，因為直至畢業我都不需要仰賴這個資格。這不代表我沒有參與考試，就像上面說的，我認為累積到一定程度就考得過，所以我每年兩次的考試場場都去報考。結果直到考上為止，我總共考了五次。

對於一位台灣律師考試也不過考兩次、中國司法考試一試就上的我來說，即使再不放在心上，累積兩年共四次考試的失敗還是讓我備受打擊。尤其過程還經歷了研究所的歷練，我不懂怎麼唸到碩士班要畢業了，一級都還沒有通過。在研究所時期，我曾經接過一次翻譯的委託，特別的不是在於報酬很高，而是它是大阪市觀光局發包出來的工作，內容是將觀光局的官網內容翻譯成繁體中文。這讓當時是小留學生的我躍躍欲試，那不是為了零用金，而是感覺能夠翻譯官方網頁的自己很厲害。但它有一個前提，就是必須要通過一級，當時再過幾天就放榜，我跟承辦人員說等我幾天，這一次我很有信心會通過，結果出爐竟然差了兩分。我懊惱地向他們回覆結果，雖然對方因為我的條件，最後即使差兩分，還是決定把工作發包給我，但經歷這一次的教訓，我發現不能夠再對一級考試保持著隨緣的心態。對我而言，如果因為能力不足而錯失機會那不可恥，但我無法接受覺得自己可以做到的時候，卻因為沒有任何東西可以證明而只能放棄。一級考試這樣一份資格，對當時即將步出校園的我而言，可說是至關重要的證明，我卻還沒拿在手上。

因此我開始了日語能力考試的備戰，目標在半年後一定要攻破它。

做題庫永遠有效

我先在臉書上公布連四次落榜的消息，並告訴大家我下一次一定要考過。沒錯啊！環境壓力對我很有效。當客觀上具備要考上的壓力（否則無法輕易在日本就職），與主觀上的羞恥心（全世界都知道我要考第五次），再加上周詳的讀書計劃，我就具備天時地利人和的條件。日本語能力測驗是一個將聽力、文法、單字及閱讀分布在整張選擇題試卷的考試，沒有會話與作文，相比其他語言考試好像簡單的多，但事實上在一級的部分，它考了很多日常生活上很少使用的文法與單字，有些甚至是古文法，因此如果不特別準備，很容易就會丟失這一部分的分數。不要小看這些分數，我每次考一級都只差個位數的幾分，此時這些分數就會變得很巨大。

另外這些艱澀的單字跟文法，真的要花時間準備，尤其一定要做題庫。我本身是真的很不喜歡做題庫的人，但在菲律賓考雅思的經驗讓我知道多做考題有多重要。因為語言考試重要的一是實力，二是時間，有足夠的實力卻無法有好的臨場反應，也沒辦法拿到好成績。我已經沒有時間浪費，做題庫能夠發現艱澀不懂的文句，還能增加應試的反應速度，在所剩不多的時間下，真的沒有比瘋狂做題庫更適合我的了。

因此每一天不管多忙碌、要完成多少學校的論文進度，我都要求自己一定要有完整做題庫的時間。網路上都可以查詢到正式考試時的答題時間分配，我按照步驟讓自己每一次的練習都像正式的答題。現在的考試書五花八門，甚至有針對考前幾個月的題庫本，每天分配好你要完成的作業，順便幫你倒數，這些考試書我非常推薦，可以省下不少製作讀書計劃的時間。我按部就班地練習，跟老天爺約定好如果全部完成了就一定要讓我考過（這又是給自己某種精神層面的壓力）。在我的想法裡，語言考試不若大學聯考來的攸關未來，每年幾次的考試機會也容易讓人怠惰，我就是怠惰的最好範例，因此一定要給自己壓力才會貫徹計劃（相信我，語言考試壓力再大也絕對不足以造成失常）。在這樣的規劃下，我順利的在半年後考過一級了。

我在這裡就不著墨太多語言考試的準備方法，因為網路上的資源太多，我的條件也與在台灣的考生不同，畢竟我身處於完全日語的環境，已具備潛移默化下的語感，但考試前的瘋狂題庫練習絕對是千古不變的真理，所以我僅強調這一點。語言能力本來就是過往各式學習的累積，當累積到一定程度後，一定要將它展現出來。這不僅僅是通過工作上或學習上展現，有時候它必須先具體化成某個形體，那就是一張證書，告訴並且向大家證明你有這一項能力，它才能真實轉化成你的武器，幫助你用最快速的時間闖關成功，邁向下一場的挑戰。

不如再拿個學位吧

除了增進語言能力，也為就職鋪路

學習語言永無止境，依據目標，靈活的選擇學習方式。進入日本的研究所，除了快速地提升專業知識的日語能力，如果真心想嘗試在日本工作，這個學位還能幫助你取得應徵好企業的門票。

在語言學習的路上，有個非學不可的理由很重要，對於我而言這個理由就是希望能成為善用外語的律師。在語言學校的時候，我很快地就發現學校所教的課程，不足以應付法律工作上的需求。不管是中文還是日文，法律用語都是有別於日常所用的文字，必須要特別學習。若沒有特別的需求，有人可能終其一生都不會接觸專業的法律用語。但我作為一名律師，必須要有撰寫法律文書的能力，那專業的法律用語就變成必須。而日語學校能給的幫助有限，我必須另外尋找方法及環境學習。語言世界是那樣浩瀚，即使母語都仍舊有程度上的差別，沒有學成的止盡。排除興趣，若是帶有重要的目的，那採取的學習方法就要靈活。

因此我甚至沒有從語言學校畢業，就提早離開、踏入日本大學院（即研究所）的課程。我就讀的是大阪大學，一所非常優秀的公立大學。因為日語程度仍有不足，為了能擠進名校，我從研究生（相當於研究所的旁聽生）開始唸起，到碩士畢業，現在是博士班的在學生。在大阪大學的五年當中，對法律日語從無到有的學習過程真的感受很深。

短時間內累積大量閱讀經驗

日本的研究所是很自由的學習環境，會進來的學生都是真的有心投入研究領域的人。因此學校課程的必修單位非常少，開放的讓學生自己安排學習的進度與研究的時間。也因為學生各自研究的領域不同，因此選修的科目也會集中在與自己研究相關的領域，不必為了滿足畢業學分而大肆的修課。而一堂課的學生數量都不多，一學期的課大概都會被分配二到三次的報告。在準備報告的過程中，都需要徹底地將該題目的資料收集齊全，然後寫出簡潔的綱要，再用口頭詳細報告出來。因為大部分修同一堂課的學生對於主題都有一定程度的涉獵，因此報告完的評論時間不單只是老師砲火猛烈，同學們也都會很積極的發表意見、參與討論，過程非常緊張與精采。

這一次次課堂報告的經驗，對於提升日語能力有很大的幫助。為了報告大綱的撰寫，事前需要蒐集大量的資料，並且充分閱讀跟了解文章的內容。大量閱讀對於提升語言能力的幫助很大。在語言學校時，一篇課文老師會分好幾次才講解完畢，事實上閱讀量是不夠的。但在研究所學習的階段，因為要完成報告，必須靠自學，在短時間內閱讀大量的論文與資料。人的潛力需要激發，一開始會非常地辛苦，但一次、兩次的訓練，加上大量文章的累積，漸漸地就會增加閱讀的速度，對於外語文句的掌握能力也會愈來愈好。

在進入大阪大學前，為了向老師自我推薦要準備一份讀書計劃書。我為了這一份讀書計劃書，影印了好幾篇論文與文章，每天邊查字典邊在文章空白處寫上翻譯，但最後真正撰寫讀書計劃書時，每個段落還是要重複研讀很久，才能做出正確的摘要。進入校園後，經過幾學期的課堂報告磨練下，我已經不需要在空白處翻譯，也可以很流暢的閱讀文章。正確說來，我已經不再需要把每一句日文轉換為中文的步驟，而可以直接理解日文文句，這是很大的進步，學校課堂報告的訓練給我的幫助真的很大。

仿造母語同學的發音和節奏

除了閱讀部分之外，口說方面也帶來很大的影響。課堂報告需要即時的反應老師與同學的提問，不僅要聽懂也要能回答，這真的是非常嚴峻的考驗。我最初的口說能力不佳，為了能夠應對即時的討論，每回要準備報告時，我都會做充足的準備，其中最在意的就是正確的發音。

首先，我會拜託身邊的日本學生幫忙，將整篇報告錄音下來，然後聽著日本同學的發音，一句一句把文章讀得通暢。在日文裡有所謂的重音，雖不似中文一般有四個音調，但重音下在不同的地方，往往也是代表不同的單字。一開始我在背誦日文單字時，僅記得將讀音背下，卻忽略了重音，常常讀錯了卻不自覺。在日常會話裡，因為句子短，所以即使重音發錯，以日語為母語的人一般來說仍舊可以理解。像是我們在聽西洋人說中文時，雖然覺得哪裡怪怪的，但還是能聽得懂。但是這樣的將就卻不適用於一整篇的講演，因為篇幅太長，如果不把重音弄清楚，對日本人來說會聽得很吃力，也可能不曉得你的演講究竟在說什麼。所以我特別注意報告時的發音以及重音，還會把日本人習慣的停頓地方標示出來，讓自己盡可能把日本人的語氣表現出來。這樣聽眾比較輕鬆，不會受到發音不標準的影響而分心，可以專注在報告的內容上。這樣的練習對我來說幫助非常大，同學常常說我報告時說的日語，就好像是變成了另外一個人一樣。

讓聽眾能正確理解你的報告是第一步，第二步就是能夠正確的應答。坦白說這是非常困難的關卡，我即使到現在仍舊無法用日文暢所欲言，但相較於沒有過類似報告實戰經驗的人，在對話上我還是可以較快速的反應，就是因為曾經受過快速用日語思考、立即整理語言並做出反應、回答問題的訓練。日語報告絕對是讓日文在短期內有顯著成長最強效的方法。尤其這些報告實戰經驗累積的不僅是日語的提升，還有厚臉皮不顧一切、先回答再說的勇氣，這在語言學習上是很重要的心態培養。

跳過中文翻譯的寫作訓練

另外，為了取得碩士學位，就不能不提到撰寫日文畢業論文，這個經歷也是我人生中重要並血淚的一筆。想想用中文寫一本畢業論文就已經難倒各路英雄好漢了，何況還是用日文。我的法律專攻是國際公法，因此有很多資料都是英文，需要邊閱讀資料邊翻譯摘要，便於理解後寫論文時可以引用。但這樣的準備工作其實十分吃力，我一開始先把英文資料翻譯成中文，再將中文資料翻譯成日文。後來發現實在太浪費時間了，最後省略中文的部分，直接將英文資料用日文整理成我想說明的內容。一開始我對這樣的操作並沒有太多想法，僅是為了節省時間、增加效率，後來發現這個過程竟然成功幫助我脫離中文的文法思考。但論文的難關絕對不僅如此，畢竟是要寫出一本著作，需要累積大量的內容，當中還要使用非口語的正式文法，並且使用不同於口說的文章體來書寫。從閱讀、下筆到完成，這一個過程我花費將近一年的時間專注在讀、寫方面，直到衝破口試關卡的那一刻，我認真的覺得這是我日語寫作能力的巔峰。

在語言學校學得的日文能力真的不足以寫出一篇作文，但轉身進入大學院後卻能產出一篇篇專業的文章，最後在畢業論文上集大成。這些一步步、一點點的考驗，坦白說都超出我的能力太多，但取得學位的強烈慾望推著自己前進，每天嘗試突破一些、多練習一些，很多當初覺得做不到的事情，在一天天的潛移默化中，慢慢地實現。如果沒有畢業期限的壓力，坦白說我沒有自信可以做到，但克服做不到的事情的唯一途徑就是強迫自己。進入研究所就是一種強迫，逼著自己追趕，然後快速地提升專業知識的日語能力，這些豐碩果實都是最值得的報償。

在日本讀書也是為就職鋪路

不僅是提升專業知識的語言能力，在外國取得學位更是在當地就業最好的辦法。隨著到日本打工度假的人數愈來愈多，很多人在結束打工度假簽證後，會嘗試留在日本就業。但根據身邊的觀察，大部分留下來就業的台灣人會集中在服務業，可能是餐飲業或者是不動產仲介業。這些工作的待遇不一定低，但相對的可取代性高，因此很容易造成工作上的不穩定。但在日本工作的台灣人並非沒有自己的專業，很多都是在台灣唸過大學，畢業後才到日本工作，卻無法將在台灣學得的專業應用在日本的就業環境裡。很大的原因在於日本是很講究學歷的國家，不僅是公立大學或明星學校，還包括大學畢業生以及專門學校生的區別，甚至是否為應屆畢業生，都決定你在就職時可以選擇公司等級的欄位。開放給應屆畢業生以及畢業後許久（包括中途轉職）的公司範圍完全不同，而大家心目中的好企業（所謂的white company），除了少數專門性極強的職位之外，大部分都只接受應屆畢業生，希望招收像白紙一樣的社會新鮮人。這是日本普遍的就職風氣，也是很難改變的社會現實面。

因此僅以在台灣的學歷，可能會連遞履歷書的資格都沒有，在日本再唸一次書，能夠作為改變這個困境的辦法。例如在台灣已經擁有大學學歷，到日本再唸一個碩士學位畢業的話，定義上來講你也算是一個剛從學校畢業的學生，就可以取得應徵好企業的門票。有應徵資格才能再談發揮專長，如果連表現的機會都沒有，那空有一身絕技與抱負都是空談。因此我才會建議如果真心想嘗試在日本工作，那就再來唸一個學位吧！

小律師的真心話

學語言小撇步

總說著要成為語言高手，過了一年英文七千單沒背完、五十音還會忘掉好幾個？參考小律師學語言的方法，用最高效率取得外語證書！

下定決心，直接開始

不去跟人比較、不去想已經輸給別人多少，不要讓自己猶豫，因為語言是需要事先準備好的武器，馬上、現在就要開始。

新手可考慮配合語言學校的課程

在學習的開始降低不安是很重要的事情，如果是配合學校的課程，就不用花太多心思擔心到底要怎麼起頭、要從哪個部分下手，甚至是要唸甚麼教材。語言學校也是一種強迫自己學習的方式，透過老師的教學管理和學校安排的考試，可以強迫自己無論在如何忙碌的情形下，也要空出一段時間唸書。

在國外學習當地語言

將自己放進全外語的環境裡，不要給自己縮進中文保護罩的機會，而是要全方位將語言應用進生活裡，利用在國外的生活經驗將語言能力提升到最高。

不會的單字，想辦法用出來

單字只進不出，才會記不住。如果今天背了一個單字，一定要把那個單字使用出來，不管是寫信還是跟人對話。只有真的用過一次，那個單字才會真正成為你的。

參加考試，用壓力讓自己成長

大部分的人比較被動，如果有考試的期限在前方，就不會飄渺的不知道學習的終點在哪裡。因此將考試作為一個明確的目標，被動地沿著這條明確的道路，很容易讓人進入集中精力的狀態。

第二章

調整習慣，離成功更進一步

人生的正確態度，就是不要停下步伐。
維持著好奇心去探掘、累積，
將自己變成一座寶藏。

和日本人一樣早起

早起能換來充足的時間，完成更多想做的事

不似晚睡帶著疲憊，早上延長的時光是明亮的、帶著希望的，因此可以做的、想做的事情更多，心態上也更積極與輕鬆。早起，是一種幸福的生活態度。

初到日本的時候，我住在大阪的南邊，比較遠離市中心的一個小鎮。在鐵道路線上是一個小車站，附近除了住宅區，就只有小小的商店街，和一些簡單的店面。因為抵達的飛機比較早，我在小車站下車的時候，還是很舒服的早晨。那時候是涼爽的秋天，但天空非常的藍，陽光也很溫暖。我不再是以觀光客的心態，

而是以要在這裡居住下去的心情到來，終於有片刻可以認真地呼吸日本的早晨空氣，因此覺得特別清新。周圍的房屋與景色淡淡的，行人的穿著與店面的招牌都不會透露強烈的色彩，好像自帶了一層模糊的濾鏡，是那樣的柔和與自然。那一瞬間的寧靜，讓我從此以後愛上了日本的早晨。

早起換來生活的充實感

接下麵包店早晨的打工之後，天剛亮就出門變成一種習慣。那個時候我凌晨五點半起床，踩著第一班的電車去上班。還記得那是說話會起白煙的時分，電車上竟早已經坐滿了人，我才知道原來日本人是這樣地早起。那時候的房東太太曾經抱怨，表定九點的上班時間，為了趕在大家忙正事之前集合完畢，而訂了上班時間前的八點鐘開會是正常的。日本人沒有在公司用餐的習慣，包括早餐。而電車上雖然沒有明文的規定，但禮貌上沒有人會在車上飲食，因此大家都會在家裡吃完早餐再出門。扣除梳洗、用餐還有最費時的通車時間，要趕在八點前到達公司，其實大家都是早起一族。

我在麵包店的工作是從早上六點半到中午十二點，工作結束後要立即趕去日本語學校上第一堂一點的課。放學時間是下午五點，銜接晚上六點的麵店打工直到十點，回家梳洗後寫完學校作業，晚上十二點前就寢，一天結束。這樣一整天下來，我至少有十八個小時都是充分應用的，一整天突然變得十分的長。

在台灣為了應付研究所語言畢業門檻，我短暫上過劉元孝老師的日文課。在十幾年前上課的時候他已經八十二歲了，但在邊教日文的同時，他還完成了一本關於日本侯文的新著作。劉元孝老師是一位很了不起的老師，等於是台灣最早教授日文的權威，著作包括日語辭典以及許多文法書，將近九十歲出版的侯文書籍是連現在的日本人都無法閱讀的古典日文，他靠的就是每天勤勉不懈地做學問、授業，將知識傳承並留下許多傳世著作。還記得老師說過，他認為留下錢財不如留下知識，他還有好多學問想要留下來，因此總是捨不得睡覺。為了每天可以應用的時間比別人更多，他的睡眠時間只需要三個半到四個小時，比別人還短。他還自豪地告訴我們，這樣他的壽命等於比別人長，因此可以做的事情更多。他是一位脖子長有骨刺，要用手肘撐在講桌上，才能撐起頭看清學生的老師，但每日依舊孜孜不倦的維持嚴格的作息。

看著劉老師即使年紀這麼大了，仍然律己甚嚴，堅持早起做著自己認為應該做，並且對社會有貢獻的事情，對於當時連學校第一堂課都不敢選、深怕會睡過頭的我來說，這樣的堅持還非常遙遠。我沒有頓悟到老師傳達的信念：要有一番了不起的作為，至少要有勤勞的心態與習慣。直到來到日本後，從早到晚以打工與上學填滿的生活，讓我在匆忙中逐漸感到充實。那是一種每天都很踏實的度過的成就感，沒有一秒鐘被浪費的滿足，讓我總是睡得很好，也從此愛上了早起。

早晨讀書效果好

在菲律賓的英語語言學校唸書的時候，第一堂課是六點四十分開始，到八點二十分結束，之後才可以吃早餐。我在台灣自從開始上班之後就沒有八點以前起床過，這裡八點半就已經上完第一堂課了。我唸的是斯巴達校區，顧名思義就是特別嚴格的學校，每一堂課都要打卡，遲到算缺課一半，非常嚴格，只要超過缺課額度，那個禮拜的週末就不可以出校門。沒有錯！在這裡唸書是被關在校園裡的，除了下課時間可以到附近買買小吃或吃點晚餐，其他時間不可以任意出校，更不可以在外過夜，出入都會登記、點名，只有星期六可以外宿，星期日天黑前就要回家。這樣每週一次的放風時間非常難能可貴，經不起因為缺課而被禁足的處罰。因此每天早上為了趕第一堂課不遲到，大家幾乎是卯足全力，室友間更是互相幫忙。但當時同房間的室友有幾位韓國人，我所認識的韓國朋友們，幾乎都有早晨沐浴的習慣。她們可是不會因為怕遲到就放棄這樣的生活步驟，但浴室就那麼一間！可憐的是我們這些室友要更早起床搶廁所了。

但那時候早起讀書的回憶真的很好，早晨的空氣很清新，校門口會有小小的麵包車攤販，賣著菲律賓特有的甜度破表、顏色超鮮豔的麵包與蛋糕，怕餓肚子的會趕在上課前趕緊買幾個麵包塞幾口，認真上完第一堂課、跟著老師唱了幾首英文歌後，再衝去餐廳排隊領早餐。那時候的每個早晨都充實豐滿，這些在台灣被我睡過去的早晨時光，原來可以是這麼活潑的時刻，原來可以做這麼多的事。

回想起當初在菲律賓因為早起所受的苦，反而覺得有點不可思議，因為離開菲律賓後，銜接著到澳洲打工度假、在咖啡廳打工，再到日本在麵包店的早晨打工，都不再給我晚起的權利，卻也不覺得苦了。養成習慣後，早起反而變成最簡單的一件小事。但這樣為了工作的早起卻不再帶來興奮與滿足感，只是日復一日習慣地早起然後趕赴打工。直到為了準備研究所入學考試、辭去麵包店的工作，正式告別為了打工而早起的生活後，我才細想這中間的區別：原來我懷念的是在菲律賓早晨起床讀書的充實。對於我而言，比起打工上手後重複的操作，還是讀書帶給我的成就感與樂趣更大，從天天打工的生活中解脫後，我更珍惜早晨可以讀書的時光。

在準備日本研究所入學考試的過程中，我貫徹著早起的生活，並且用便利貼寫清楚每個早晨、每個時段的必做功課。因為讀書需要體力，一開始我嘗試晨跑，卻因為早晨的冷空氣讓我咳嗽半年，於是我改做瑜珈。每天早上起床簡單梳洗後，六點到七點就是我的瑜珈時間，我會搭配Youtube做一個小時的瑜珈，接著做早餐、吃早餐，之後正式從八點開始讀書。八點到十二點的四個小時為一個單位，中午休息後再從一點到五點為一個單位，然後晚餐時間過後的六點到十點為一個單位，最後一定在十二點前就寢。這是最簡單的時間設定。每個單位有四個小時，做什麼事情並不一定，可能去學校上課，可能在圖書館查資料，但早晨的這四個小時我一定會盡可能的用來閱讀。作為一個經過無數大小入學聯考及國家律師考試洗禮的專業考生，我很清楚一整天人頭腦最清楚、記憶力最好的就是早晨的時刻，所以如果我有必須要背誦的唸書安排，一定會在早晨這個時間單位進行，以達成最好的效率。以我自己的親身經驗來說，早晨的讀書速度是將近晚間時段的三倍，因此在安排讀書計劃的時候，我也會將比較困難的科目放在早晨，或是安排較多範圍的進度。

日本人特有的家庭早餐時光

在日本工作後，已經回不去過往學生時代準備考試、精實唸書的早晨時光，但早起反而有了另一種意義。對於日本人來說，他們有很多特有的生活習慣。首先就是前面提到的，日本人不在外面用早餐，這有很大的原因是因為日本的早餐還是傳統的米飯。最家常的早餐配置就是米飯配上一些醃漬物然後加上一碗味噌湯，這是最簡單便利的早餐設計，再講究一點的會搭配上蛋卷或是涼拌青菜以及一些簡易小菜。整體而言就是要有飯有湯，這樣的用餐習慣很難在家裡以外的地方達成，因此早餐對日本人而言，就是要在家裡完成後才會出門的前提。再加上日本習慣吃冷便當，這也是讓我很驚訝的用餐習慣。屏除少部分人，大致上日本人很少會在辦公室微波便當。這是因為他們認為微波後的便當會產生香味，如果要在辦公室用餐，就會影響旁邊還在工作的同事。除非公司有提供用餐空間，否則日本人寧願食用冷便當，也不會將便當拿去微波。也因為這樣的用餐習慣讓日本主婦不會準備隔夜菜的便當，因為冰過的菜肴容易走味也無法加熱，大家都是很勤奮地在早上準備便當。

因此日本的上班族比想像中的更早起，即使是家庭主婦，為了要配合家人準備早餐與便當，也同樣要很早起床。我是非常喜歡料理的人，再加上習慣早起，早就對在早晨做早餐與便當躍躍欲試。成為人妻後，原本的瑜珈時間變成了煮飯時間，一起床就泡進廚房，時間上很有餘裕。我不喜歡當個慌亂的煮婦，在預先想好的菜單以及前晚準備好的食材中，我使用著精心挑選、自己喜愛的廚具與餐盤，從容的準備，讓這樣麻煩又日復一日的工作，變成喜歡的時光。

鈴木（我的先生，一位道地日本人）的老家位在愛知縣的山上，距離市區很遠，小時候上學都是由父母親上班時一起接送。也因為住得較遠，因此比一般的市區小孩還要更早起床。但鈴木家有個傳統，就是全家要一起好好吃頓早餐。因為這樣，起床的時間會被拉得更早，就算不需要上班的爺爺奶奶也會同樣準時跟大家一起在餐桌上出現，一起用餐。即使是不上班的週末，婆婆跟奶奶一樣會早起準備早餐，把全家挖起床一起用餐後，再放孩子們回去睡回籠覺。鈴木其實是個非常喜歡睡覺的人，對他來說能一直待在溫暖的被窩裡就是一件幸福的事，所以提到連週末都要早起就咬牙切齒，跟我抱怨許久，還跟他媽媽吐槽。但婆婆笑著告訴我，晚上不管加班還是晚自習，大家都回家的晚，常常有無法一起用餐的時候，所以早上更要在一起吃飯。我當下才領悟到早餐的另一種用意，全家不管彼此作息如何，只有在早晨這一段時間，大家能一同好好地坐下來用餐，簡單地相聚、利用短短用餐時間互相關心。這種感覺讓早餐不僅僅是一頓飯而已，更多的是家庭凝聚在一起的溫暖，把一頓飯變得如此珍貴。

因此結婚後我更想堅持這樣的傳統，不管天氣是否變冷，冬天的日出是否太晚，我都盡可能的想跟先生一起好好用餐。還記得剛忙完婚禮、搬完家那一陣混亂之後，我第一次早起為了先生煮的早餐。鈴木興奮的在我身邊跑來跑去，笑咪咪的跟我閒聊，看我準備餐點。因為我上班時間比鈴木還晚，之前的日子鈴木都是自己起床默默的準備出門，直到離開家門才對還在被窩裡的我說聲他去上班了。結果這一天他起床時發現我已經起床，還在廚房忙碌得熱鬧非凡，然後端出一道美味的早餐跟他邊吃邊抬槓。他整個用餐的過程都是開開心心的，最後還站在門口拖拖拉拉等我送他出門，一臉幸福。我想，他的開心就是不用一個人寂寞出門，還有家裡溫馨的早晨氣氛，這哪裡還是跟我抱怨過不想早起吃早餐的鈴木，體驗過平淡寂寥的早晨，就沒有人不會被這樣活絡的早餐所感動。

早起是積極也是輕鬆

唸研究所租房子的時候，我的房東是一位很有氣質的太太，她甚至會說英文。我家住在房東太太家後面，陽台就正對她家的廚房，不管我再早起，永遠可以感覺她家廚房燈已經亮起。所以我好奇地詢問她究竟是幾點起床，她告訴我她每天三點半就起床了，然後她會在餐廳裡看書，等到先生起床去晨跑後，她就會準備早餐，等先生回家再一起用餐。結束打工生活後，我有一段日子是七點起床，但四周都是靜悄悄的，也從來沒有在出門時遇見過鄰居，我只感覺日本人的早晨怎麼這麼安靜。直到為了準備考試五點起床，四周瀰漫煮飯的香氣、鍋鏟的敲擊聲、人的交談與電視的聲音，我才發現一切都是我的誤解，不是日本的早晨很安靜，而是從一開始我所定義的早晨時間就與日本人不同。

對於在日本生活這麼久的我而言，早起已經是理所當然。早晨的時光從打工、運動、讀書到變成了茶米油鹽，甚至看到天氣晴朗時，還要趕著上班前洗衣曬衣。但因為多出來的早晨而能不再匆忙出門，還多出了與家人相處的時間。準備考試時也可以增加唸書時間，得些空閒時偶爾還可以大聲朗讀英文，或是喝著早餐的紅茶讀一本書。不論如何，改變早晨給我的生活帶來很大的意義。因為早起不似晚睡帶著疲憊，早上延長的時光是明亮的、精力充沛，並且帶著希望的，因此可以做的、想做的事情更多，心態上可以積極與輕鬆。如果願意養成早起的習慣，真的可以收穫很多，習慣後也不會覺得辛苦，而是一種幸福的生活態度。

明天也試著聞聞看清新早晨的空氣吧！學習日本人早起，不要輸在起跑點，不要落後在每一天的最一開始。

我告訴你為什麼要跑馬拉松

用馬拉松照顧長期抗戰的身體、心理健康

如果到海外工作是一場挑戰人生的嘗試，那健康的心理與身體條件就是戰鬥的本錢。參加馬拉松能鍛鍊意志力，讓自己的身心都有了新的突破。

還記得第一次參加馬拉松是因為一條tiffany項鍊。名古屋女子馬拉松四十二公里的完賽者，可以得到tiffany項鍊為獎勵，為了爭取我人生的第一條tiffany項鍊，在沒有參加過馬拉松的情形下，我毅然決然地報名了四十二公里的全馬。馬拉松事實上是超過人體極限的運動，因此賽前的體能訓練非常重要，如果無法將

體能提升到能負荷馬拉松的強度，幾乎很難完成比賽，甚至容易發生危險。

我來到日本後比較少慢跑，因為打工已經非常疲累了，就沒有再另外進行有氧運動。但打工只是勞動，而非運動，因此我的體力並沒有得到提升。為了面對人生第一次的全馬，我透過詢問友人以及上網查詢的方式，制定了一套運動計劃。我的原則很簡單，就是讓自己每週的跑量能夠維持至少四十公里。最後我形成的習慣是每週跑五日休兩日，每次跑一小時八公里的速度，這對很多喜歡跑步的人來說很容易達成，強度不大，但對我來說，這樣的頻率與速度是最能堅持下去的程度。每次跑步，我就將平板電腦放在跑步機上，一次撥放一集喜歡的日劇或韓劇，用每小時八公里的速度，看完一集連續劇剛好一小時，我也跑完八公里。直到馬拉松比賽的當天為止，我用這樣的標準跑了將近三個多月。

馬拉松鍛鍊的其實是意志力

儘管經歷三個多月的準備，最後在馬拉松的戰場上，我仍然經歷一場極限挑戰。我不是體能非常好的人，再加上佛系練跑方式，雖然本來就不追求成績，可是過程的困難可真是刻苦銘心。還記得高中體育課最痛苦的一天，就是要跑五公里。當時五公里對我來說已經是青天霹靂，沒想到有一天我要挑戰四十二公里！

在比賽一開始的五公里，我幾乎是用比平常還快的速度在跑，可能是第一次比賽感覺很興奮。但很快我就發現有點喘不過氣來，賽前朋友也一直提醒我，不要一開始跑太快，心肺很容易到後來會負荷不來。所以我慢慢調整回平常看連續劇的跑步速度，告訴自己只要在前三個小時跑完一半的二十一公里，那後半段就算用走的我都一定來得及走完（名古屋女子馬拉松的時間限制是七個小時）。我成功在前三小時跑完二十一公里，之後就有種已經成功的放鬆。沒想到後半場的比賽給了我一場震撼教育，我才知道馬拉松最關鍵的絕對是下半場。

像我這樣平常有在跑步的人，二十一公里的半馬確實是足夠應付，但如果沒有練習過幾次長距離的跑步，身體對於超過二十一公里後的份量就會感到陌生，而漸漸無法負荷，然後身體會愈來愈沉重，重到連抬腿都非常吃力。開始時還自我安慰用走的也能將四十二公里走完，到後面才發現即使用走的都異常艱辛。那時候即使是馬路上的斑馬線，大概不超過幾釐米的塗漆厚度，踩到都會覺得很難忍受。全身變得異常敏感，一點點的異樣都感受強烈，不管是喘不過來的呼吸還是全身的痠痛，真的沒有一處不痛苦。這樣的境界根本跟體能沒有關係，我完全意識不到自己在跑步，只是在移動而已，而意識裡也只剩下意志力，靠著堅持下去的毅力與決心讓自己繼續往前移動。最開始參加馬拉松的初衷雖然是為了讓自己開始跑步，但像我這樣半瓶水的跑者，意志力其實才是馬拉松最大的考驗。雖然最後的成績並不漂亮，但那根本一點都不重要，我確確實實靠堅持把全馬跑完，而且是第一次深刻地鍛鍊了自己的意志力，發揮了堅持下去的決心跟忍受全身痛苦的忍耐力，讓自己在身心上都有了新的突破。

規律運動提升整日的精神

比賽結束之後，我依然持續這樣的跑步習慣。我利用了自己喜歡看連續劇的熱情，規定每天只有跑步的時候可以觀看，所以跑步竟然變成一種期待。每小時八公里的速度也不快，因此跑完並沒有很明顯的疲累或是痠痛，卻仍能充分的流汗，這樣的方法與力度讓我喜愛上跑步，並一直持續下去。結果，參加馬拉松真的讓我養成跑步的習慣，這才是參加馬拉松最大的理由。

而開始跑步後，我可以深刻感受到身體的變化。日本人沒有午睡的習慣，即使在學校裡也只有午餐，不會再有午休的時間。上班之後中午休息也不能夠午睡，公司更不可能統一熄燈方便午休，趴在桌上睡覺也會被認為很奇怪。這讓從小就習慣午睡直到成為律師的我，花了很多時間適應。打工的時候當然沒有休息的權利，但到下午就會很想打瞌睡，唸研究所的時候每天也會為自己爭取半小時的午間睡眠。但自從開始慢跑後，我就發現自己好像不需要午休了，因為一整天的精神都很好，即使趴著也睡不著。我想這就是有運動的變化，這個不是一下子就可以改變的，要透過長久累積的運動習慣，有持續在運動的人會將體力徹底拉上來，不容易感到疲勞。

心理憂鬱用運動療癒

我一直傾向積極的人生規劃，不願原地踏步，所以在當上律師之後還是嘗試出國冒險，去國外留學。即使通過困難的律師考試，我還是會繼續學習，不管是語文方面還是其他專長。我也十分熱衷培養興趣，特別喜歡報名課程學才藝。可以的話希望把每天的生活都填滿，每分每刻都活得充實愉快。這樣的性格造就我不安於現狀，有興趣的事情都想去嘗試，也很害怕浪費時間、蹉跎光陰。也許有人會覺得這樣活得很辛苦，我也有感覺辛苦的時候，但這樣的人生態度讓我很少覺得錯過，心裡想的也大部分都能踏實地實現，增加生活經歷也寬闊了很多視野，人生多了更多的選擇。對於這樣的發展我是滿意的，也覺得辛苦值得了。但這樣不間斷挑戰的人生卻需要很強的心理素質，因為要隨時應對突然的生活變化、新增加的挑戰帶來的壓力與不安定，更需要好體力支撐，能吃苦也吃得了苦。這樣心理與生理的雙重條件，都可以透過運動來強化與提升。

我在遇到鈴木之前一直都是自己一個人生活，從菲律賓到澳洲、美國，直到留在日本，過程中我遇到很多新的人事物，卻也一直向不同的人事物揮別；要往前進、持續去經歷，卻也一直在失去。這樣的過程對敏感的我是一種沉默的心理壓力，我沒有注意到卻一直累積在心裡，身邊沒有那位最親近的伴侶陪伴，也讓我的情感無法找到傾洩的出口。而留在日本後為了敲開前進的大門，我也不斷利用考試提升自己，像是進入碩士班與博士班的入學考與畢業考，或是參加中國司法考試的準備。這些試驗對我來說都不容易，但我習慣強迫自己面對。在直面考試的時候我能夠強迫專注，但無法阻止心理壓力的加重。這段日子我常常在凌晨時分醒來，然後突然陷入慌張的悲傷，那是很深的憂鬱壓在胸口，而且沒有緣由。當面對生氣或難過時，我可以積極的面對、解決問題，但這樣無理由的憂鬱與悲傷卻沒有解藥，因為是長期積壓的情緒與脆弱在反撲。每當這種時刻我會強迫自己正常的作息，通常忍耐一個上午我就能平穩下來，但它沒有被治癒，我常常要擔心這些害怕的時刻到來。

但這些無法說清楚的脆弱卻在我習慣運動後，就沒有再出現，突然不見了。

有一天我突然意識到，我沒有害怕的情緒，沒有什麼可以害怕的。一樣有讀書壓力，一樣常常覺得孤單，但我沒有害怕。這個心裡的陰影就這樣突然消失。在大學時，因為法律系的沉重課業壓力，加上家裡突然失火、失去了如同家人一般的寵物狗，我也有過一次情緒失控。可以見得我本質真的是較為敏感脆弱的人。那時候唯一一次的精神科問診，醫生告訴我要多運動，因為透過運動會增加腦內改善情緒的某種分泌，能幫助我心情愉快。我想起了當時醫生的忠告，領悟到我身心靈的改善應該是因為運動。在參加馬拉松為目的下養成的運動習慣，竟也順帶的改善了我的心理憂鬱。對我而言，運動的意義其實更深沉，不是單純的美容瘦身，除了維持體力與健康，它事實上照亮了存在我心底的陰暗。

用馬拉松奠定異國工作的本錢

在日本，馬拉松是全民運動，除了名聞世界的東京馬拉松，還有各種大小賽事，規格都很高，有電視轉播也很受到民眾歡迎。在第一次到婆家過新年時，我發現初一到初三白天全家都在看馬拉松比賽，那是知名的「箱根驛傳」，一場男子大學生的馬拉松大賽，由關東地區的大學選出二十一支隊伍參賽，從東京讀賣新聞社出發到箱根的蘆之湖，再折返回到東京終點，來回共計兩百一十七點一公里，總共需要花費兩天時間，是日本賽程最長的學生馬拉松大會。這場比賽我看得熱血沸騰，之後的幾年都持續熱衷觀看，看到最後都會想哽咽落淚。其實馬拉松的比賽就是一直跑，對於其他更激烈的比賽來說可看性真的不夠，但很奇怪的是看到這些大學生們努力的接力賽跑，面對不同跑道應對不同特長的選手，這其中有毅力也有團隊精神，真的讓我很亢奮也很感動。我想因為日本一直存在這些傳統的馬拉松賽事，也提高了全民跑馬拉松的興致，更增加了社會運動的風氣，能得到的收穫無限大，真的非常值得學習。

如果到海外工作是一場挑戰人生的嘗試，那健康的心理與身體條件就是戰鬥的本錢，養成運動習慣增加籌碼，想來日本工作，不妨也嘗試參加馬拉松吧！

人生的學習不會終止

心態會決定一個人看見世界的模樣

把生活中的事物都當作學習，維持著好奇心去探掘，一個願望完成了就再往下一個目標邁進，讓自己成為一個有趣的人，將自己變成一座寶藏。

我很想講一個比較上位者的話題，就是心態的問題。所謂的心態很抽象，牽扯人的性格跟境遇，但對我來說卻很重要。它影響著我在外國生活時的所有決定，進而改變著我的人生，至少讓我自己覺得不曾走偏。所以即使很難說明，我也想盡量具體化地說出來，因為我就是依賴著這些模糊的態度，而將人生走得逐漸清晰。

Gap Year的意義取決於心態

在初出國外的這一段日子，我帶著許多不安，尤其看著同期的律師同學持續堅持著自己的工作，成為合夥人或自己開律師事務所，這些按常規的晉升都是我所沒有的，時常讓我感到徬徨。到底自己的選擇是不是正確的？又不是在台灣走投無路，辭掉工作以及出國到底為的是什麼？這些問題不斷地困擾著我。尤其自己終究不是選擇一條跟大家一樣的路，並沒有可以比較的對照組，那我有沒有走得正確，這樣的人生經歷是否加分，我有沒有可能會後悔，這些問題都沒有人可以給我答案。

為了給自己一個心安的理由，我要求自己堅持一個目標，那就是要不斷成長進步，也就是不能停止學習。很多人或者長輩會否定所謂的打工度假、辭掉工作去國外體驗Gap Year，因為對於追求穩定的人來說，這樣的出國冒險等於將人人生劃下一道空白。將本來應該持續唸的書、繼續奮鬥的工作暫停，追求一段放飛自我的海外體驗，根本是一種浪費人生。因為走過一趟歷程之後，依舊要回到台灣面對現實，面對本來就要面對的考試或就職，只是慢了同輩人許多。但是這樣的評價輕視了這段過程得到的收穫，至少我獲得了很多，別人的結局是否一樣我不知道，但我確實在浪漫的想法中同時給予這段生活更多的務實，在冒險的過程中同時堅持更多的追求。我想這些發展就是源自於我對人生的態度，那種很珍惜生命，因此每一瞬都希望能得到收穫的態度，讓我不管在什麼樣的國度或境遇裡，都能堅持著往好的方向成長，做出對未來加分的決定。

各種經驗的收穫不會立竿見影

待在菲律賓與美國、澳洲的時候，我努力地學英文；來到日本之後，我努力地學日文。對於在語言方面沒有天分的我來說，在台灣一直有種即使再努力，得到的成果依然很少的感覺。但實地到國外學語文卻讓我有很大的進步，讓我不懼怕外語，還能透過外語在日本工作。而在日本留學的時候，我更進一步精進了法律的專業，還從中學習研究的方法。日本研究者對於研究的執著與嚴謹我認為是非常值得學習的，也可能是我在台灣唸研究所時過分專注於律師考試，而忽略了研究方法的學習。但在日本的大學院我重新得到了一次機會，向身邊的老師與致力於成為學者的學長姊們學習，什麼才是對一項議題正確的研究與論證的方法。這些對於我作為一位律師有非常大的幫助，因為事實上律師就是一個需要不斷精進專業的工作，每一次面對的法律問題或訴訟爭議可能都是新的領域、新的議題，需要搜尋大量的資料作判斷、吸收、解釋，然後給出一個最完善的說法，這些都是一種研究。我在大學院所受到的指教也等同於工作的歷練，這些學習都沒有白費。

而讓我極度辛苦的日文報告，也強化了我面對舞台的勇氣。當律師其實不容易，說跟寫都要非常犀利，年輕的我並不能從容的應對，對於沒有把握的事情很容易會怯懦，洩了底氣。但自從在國外唸書與工作以來，大多時候我都要勉強自己，用沒有自信的語言與人交談、應對，甚至發表。一次次地在不同場合鼓起勇氣面對，然後完成。也許沒有一次盡善盡美，還常常是很糟糕的結局，但這些不完美卻讓我累積更多的勇氣，就像是感覺已經不會更慘了，或是不會有更可怕的事情發生了的感覺，反而沒有什麼好怕的了，就更願意面對下次的挑戰。這樣的轉變讓我不再畏懼目光，也不害怕在別人面前表達，更適合擔當能言善道的律師腳色，甚至往後有演講的邀請，我都能立刻在一群人的面前侃侃而談。

但這些領悟都是後話，反推回想才會發現這些都是留學過程對我的影響。如果當初我不夠認真，僅以能取得學位為前提，以只要能畢業的態度面對學業，那我就不可能有後來的這些收穫。因此我十分感慨的一件事就是，其實沒有人真的能完全知道自己需要什麼，當下努力的或放棄的，也許當下覺得沒有收穫或沒有損失，但可能在未來的某一天才不經意地發現，原來這些努力是有它的價值的，是有意義的，或是後悔當初怎麼沒有繼續堅持，遺憾自己那時的無知。

向不同文化背景的人學習

而跳出原本生活的圈子到新環境，才有機會認識不一樣的人事物，這也是重要的影響。我是很容易被身邊的人所影響的人，尤其喜歡向我崇拜的人看齊。所謂見賢思齊其實很有道理，因為成長背景與經歷的不同，每個人的想法與思考方式都不同，很多自己所沒有想到卻很有意義的事情，就要靠向別人學習來取得。像我很多感受，都是出國後從經歷不同的朋友，有韓國人、日本人、香港人，身上學到的。像韓國年輕人其實比起台灣人更嚮往外國的世界，在大學時期休學出國一趟不僅不會被說閒話，甚至變成一種常態。也是自從出國後，我才發現在海外工作的韓國人非常多，菲律賓有很多在當地就業的韓國人，甚至我就讀的英語學校就是韓國人所開設的。他們非常願意在國外創業並生活，這對當時的我很震撼，因為我的成長背景中在國外工作的朋友真的不多，雖然自己毅然決然地辭掉工作出國闖蕩，卻從來沒有要在外國落地生根的想法，這些願意在國外發展的韓國人在我心底埋下一個種子：原來在國外工作也可能是人生的一種選擇。

而日本人做事的嚴謹，對人帶點距離的禮貌與規矩，也是一堂震撼的教育。不管是社會風氣、電視新聞報導的內容、周遭日本朋友的態度，都跟台灣熱情但帶點八卦與不分遠近的相處方式有很大的差異。台灣人喜歡知道別人的事情，會八卦、會關心甚至會干涉；日本人不太在背後評論別人，不討論別人的私事，剛開始我覺得這是一種冷漠，但後來我才明白這是一種尊重，是他們從小教養的禮貌。也因為這樣帶點距離的尊重，所以他們不習慣去問，不會向陌生人開口，卻會先設身處地去想，這樣的情況對別人會不會造成困擾，然後避免去做。所以他們在電車上不會飲食與喧嘩，有電話會立刻下車再接聽，不會亂丟垃圾，更貫徹拾金不昧。這些修養都很值得學習，我也逐漸受到很多的影響，在往後家庭生活上更知道如何跟日本丈夫相處。理解他們的文化，在工作環境上收斂自己過於直白的口氣，與同事和平相處。畢竟要在日本工作是自己的選擇，就要讓自己能夠融入環境。

這些跟人的學習也是一種成長，更是一種修練，不是強迫改變自己、迎合別人，而是讓自己能夠適應在各種場合扮演各種腳色。所以我非常肯定自己擁有不斷學習的毅力與好奇心，不管對人或對事，這些學習成長讓我可以增加很多特長與面貌，適應各種不同生活的環境，也有能力應對各種轉變。

對世界保持好奇

所以我才會反覆說心態很重要。持續保持學習的態度才能讓自己充滿觸角，在所有經歷中樂意接觸並吸收。而如何維持學習的態度，我想好奇心是很重要的關鍵，要對所有事情抱持一定程度的興趣，也就是對生命的熱情。在學生時代以及剛成為律師的時候，我大部分的時間都是專注在唸書上面，對於法律以外的事物很難花費過多的心力。但人生是一個階段、一個階段的，擁有一個專長固然重要，但努力成為專業的法律人之後，我仍然有權利擁有其他熱愛的事物。所以我在下班後報名英語補習班，也參加了單眼攝影課程，我總希望有一份可以做了會感覺雀躍的事情，讓生活可以有期待與樂趣。到了日本，直到我站到法律事務所律師工作的位置之後，又重新想起這些樂趣，因為總有一份空虛的角落需要被滿足。所以我接觸了手工乾燥花，也投注心力在餐桌攝影。乾燥花課程是由一位知名的日本老師授課，我完全聽不懂花的名字卻依然熱衷地學習，看著一束花在我手中變成一個美好的作品讓我很滿足。老師也常常說，感覺我真的十分喜歡乾燥花的美麗，好幾次作品讓老師單獨放在ＩＧ上分享，這些小小得意其實不亞於當上律師的成就感。

而餐桌攝影讓我學會理解畫面，什麼畫面是美麗，什麼色彩會協調，要用什麼食器搭配餐點，然後再進一步將料理製作得精美，研究有質感的餐具。這些其實都是原本生活的一部分，本來就要吃的飯，本來就要用的刀叉，但現在我能進一步思考怎麼增加它的深意，反映生活的質感。這些都是我原本不懂的東西，只是將興趣做質的提升，把喜歡的事物再理解更多，做得更好一點而已，然後就變成了一種新的學習。雖然不是傳統意義上的勤奮苦讀，但依舊能讓腦海有知識的增加，還不會辛苦。

所以我決定面對人生的正確態度，就是不要停下步伐。把所有生活中的事物都當作學習，維持著好奇心去探掘，一個願望完成了就再往下一個目標邁進，將那些從無到有的成長，一遍又一遍地重複經歷並累積，擁有愈來愈多豐富的學識，成為一個有趣的人，將自己變成一座寶藏。

培養維繫學習熱度的毅力

而維持這樣的學習態度當然要有充分的毅力，所謂的毅力就是不要放棄。我的座右銘是：「直到最後的最後，我都會用信心和毅力，堅持下去。」這個座右銘真的不是說好玩的，從第一次參加律師考試，我用這句話不斷在心裡對自己信心喊話之後，它就長久地跟隨我左右。還記得考上律師那一年，我司法官考試沒有通過（當時的司法官考試比律師考試先放榜），自己灰心地坐在校園長椅上，不怎麼熟的一位學弟看到我，對我說：「如果這世界上真的有誰有資格考上律師，我覺得那一定就是妳，因為妳是我見過最認真的人。」這句話我記得很久，那是第一次有人正經地告訴我妳很努力。像這樣的考試是為了自己，不是為了給任何人交代，所以我沒有裝模作樣，就是盡自己的全力準備，沒有比較或檢討過這樣的努力夠不夠，這時有一個人告訴我，妳是我見過最努力的人。我想我真的是很努力的一個人吧。

而「努力」其實就是在說我真的是一個很有毅力的人吧。毅力就是努力，不放棄就是努力，而毅力就是不放棄。在意的事情我很少放棄過，我知道自己幾斤幾兩重，不會做出太超過自己能力的要求，但決定了就不會改變，也不太願意失敗重新再來。所以我很有毅力地執行所有自己所設定的計劃，告訴自己只要完成所有規劃，那就會成功。而我的規劃也很少讓人舒坦，像是期末考能唸兩遍，我會唸四遍，然後用毅力讓自己堅持下去。

這樣的毅力充斥在我的學習歷程中，我希望你們能培養學習的態度，也請一定要買一送一的培養毅力，事情要做到徹底才可能有收穫，學習與毅力相輔相成。我最喜歡講的例子就是我學瑜珈的故事，當初為了放鬆因為準備考試而僵硬的肩膀，我跑去學瑜珈，其實一個禮拜只有一個小時的課程，根本就是去伸展一下身體就回家，沒有想過有什麼效果。結果我堅持了一年就發現了不同，不但肩膀不痠痛了，連腰身都出來了，把體格鍛鍊得精實，比減肥還有效。這個巨大的轉變讓我驚訝於累積所帶來的力量，只要做一點點，不用多，但要一直持續不放棄，那遲早有驚喜於成果的那一天。

因此，我想提倡維持不斷學習的態度，然後找到最能堅持下去的力度，進度可以不要多，但是要長。只要把時間拉長，就能夠看到點滴的累積也可以帶來的巨大成果。所以不要擔心結果，只要持續不斷地做下去，所有的小小學習最終都會累積成巨大的能量，豐富一個人的人生。

永遠想在前面

早一步計劃，才能在機會降臨時搶先出手

利用五年計劃，把抽象的未來式夢想，變具體現在進行式的行事曆，讓生活的同時也在作夢。這樣反轉的思考方法反而讓我擁有作夢的自信與勇氣，也才能真正的提高自己的野心與眼界。

從大學開始我就有一個生活習慣，那就是為未來五年做打算。也不知道從什麼時候開始，我會在自己的筆記本上用線條寫上五年計劃。最一開始非常的簡陋，就是橫向十二個月，縱向五年，標示上年份跟月份，然後標註我生日的月份之後，再用很簡單的線條標示我這一年從幾月到幾月要做什麼，從這一年到下一

年要完成什麼。印象最深刻且反覆修正過最多次的，就是到國外生活的規劃。當時我還不滿二十五歲，一直希望能去外國遊學、學習第二專長，也想利用打工度假的方式延長在國外生活的期間。各國雖然打工度假年齡要求不一，仍多以三十歲為限，最晚的加拿大是三十五歲，因此我計劃利用變換不同國家的方式，去不同的國家冒險。但身為法律系的學生，有國家考試的目標要完成，考上律師之後要實習，也需要一段工作經驗的累積，因此我的五年計劃一直不斷在修正。

在工作的過程中，偶爾從工作上得到成就感，偶爾因為希望感情穩定，往往使我動搖而不斷地延後想出國的五年計劃，也曾考慮過可能不會實現。但我的心底深處清楚自己一直沒有放棄過，總是在律師工作繁重之餘，仍舊繼續想念著出國，在手帳上繼續畫著五年計劃的線條。雖然清楚不知道什麼時候可以實現，但就是想繼續做好準備。因為不僅未來的事情無法預料，這些隱隱的期待也是心理上很大的安慰。然後就在二十九歲的時候，不管是心境上還是環境上，終究讓我等來了出國的契機。因為一直以來做計劃的習慣，幾乎沒有多少考慮以及猶豫，很快就踏上我的外國冒險，以五年為單位，中間穿越不同國家，然後在三十五歲之前完成全部的體驗。

提前規劃，才能不錯過任何機會

這一段旅程直到來到日本唸研究所畢業為止，我總共花費了五年。中間我歷經了在菲律賓六個月的遊學、在土耳其二個月的旅行、三個月的美國度假、七個月的澳洲打工，最後在日本留學。五個國家、五場冒險、五種旅行方式，最後我留下了五份深刻的記憶，也得到了在日本工作的機會，甚至成為了日本人妻。這一段經歷與當初學生時代所做的五年計劃相差甚遠，因為過程中會發生許多不同的狀況以及契機，需要一直不斷地修正。

從最早開始到菲律賓唸英文就是一場意外，在當時根本沒有人去菲律賓遊學，我也是不經意得到這些資訊，在周圍沒有人推薦的情況下，大膽地嘗試，結果效果特別的好。也因為菲律賓的經驗讓我從此可以放膽地說英文，之後再到任何國家，我的選擇都多了很多。接著跟姊姊一起到了土耳其自助旅行二個月，這是我的人生中一段最冒險大膽的經歷，也將自己的勇氣提升到最高。再到美國與當地家庭一起生活，感受大國雪地的異國風情。然後隻身到澳洲打工度假，從找工作開始，到賺到去日本唸書的經費。這一連串下來的經歷都是無縫接軌，沒有一段時間被浪費，即使與當初設想的不同，卻是不斷嘗試修正後，在當時做出最好的準備與安排，也讓我在最後有無盡的收穫。

能夠順利的走過這一段歷程，我很慶幸自己總是在做五年計劃，只有在事先預想好今後要做什麼事，才能盡快地安排。像打工度假，基本上都是在前年就必須取得簽證，才能在下一年順利出發。留學也是，如果沒有及早準備好申請的必要資格與條件（例如語言測驗成績），就不可能在短短申請期限中順利的繳交資料，因此事前的計劃真的非常重要。有了那些計劃在心裡，在做出每一件決定的時候才可以同時為了後續的安排做準備，包括保留下時間與金錢。像我在菲律賓的時候，就在為澳洲的打工度假做準備，思考什麼時機去澳洲最好，在到澳洲之前去一趟美國恰不恰當。而在澳洲的時候，思考為了來年的日本遊學，我要怎麼存下足夠的留學基金，需要幾份工作才可以支撐。這些事情都不斷在我的腦海裡思量跟規劃，我也會不斷地調整自己的五年計劃。

我最害怕的就是浪費生命，我可以做出錯誤的選擇，但不允許自己錯過選擇的機會，在適當的時機準備好而能夠做出正確的決定，是我對自己最大的要求，所以一直以來習慣為未來做打算。而五年計劃是什麼？事實上就是在為未來計劃，將所謂的夢想，原本空洞的作夢，實際化作具體，變成當下實際在做的每件事。五年計劃給我最大的反饋，就是擁有大膽作夢的自信。

妥善計劃，不放棄作夢的勇氣

自從出版第一本書之後，身邊就不乏透過各種管道詢問我如何做決定或尋找夢想的方法的讀者。很多人已經忘記要如何作夢了。其實我覺得不是不會作夢，更關鍵的原因是少了實踐夢想的方法。當覺得目標太過遙遠，很自然就認為那僅僅是一件理想，而擺放在理想的位階上之後，就很自然地在潛意識暗示自己：理想不過僅只是一份理想，理想化的事情無法成真那也是理所當然。所以當無數個理想都變成空談之後，就漸漸喪失作夢的勇氣。

所以我從來不講夢想，都講我的計劃。經過正名之後，它在我的心裡就不僅僅是個期待，而是可以做而且必須要去做的事。這時候「我的夢想」就變成「五年計劃」。利用五年計劃的養成，把抽象的未來式夢想，變成具體現在進行式的行事曆，然後刻進心裡也安排進生活裡。我以為我在生活，但同時也在作夢。這樣反轉的思考方法讓我反而擁有作夢的自信與勇氣，因為生活的每分每秒都確實在執行與實踐，那為什麼不可以擁有想像將來的資格？而擁有能夠大膽作夢的底氣之後，我才真正的提高自己的野心與眼界，去看得更遠，去期待更高。

從過去一個私立大學的畢業生，到努力考上律師、在中小型事務所工作，我也安心地覺得這就是我該走的一條穩當的路。即使沒有不平凡，但也不覺得自己普通，這是自己夢想的職業，也是一份有意義也很有挑戰的工作。但我總是貪心，在工作之餘還是計較著沒有出過國闖蕩，默默在心裡算計著總有一個五年，讓我可以出去看看。而當我真的跨出去了那一步，竟然將餅愈畫愈大，從只想唸日本語學校到進入日本大學院，從碩士班畢業到想拿到博士學位，我的野心愈來愈大，對自己期待愈來愈高，即使重新回到校園，也能眼高於頂的從前面排名的名牌大學開始選起。這些都是當初一個小辦公室裡的一位小律師從未奢望過的。但當我給我自己一個機會，踏實地從頭開始努力起，好像重新獲得了一次選牌的機會。我看得見身邊更多努力的人，看見更多可以學習的目標，眼睛裡能注意到更多優秀的範例，也看到了更多自我實現的機會。當接觸的資訊愈多，就知道更多方法，也能修正自己的步伐。然後我就拿到碩士學位，還進到博士班，甚至考上了中國的律師，再進到日本的大型律師事務所工作。

這些發展都超出原本的預期太多，收穫也太多，全是靠著我邊走邊思考邊做決定後，在理所當然的發展下累積的成果。如果當初我沒有放下工作來到國外、重新出發，如果我沒有在看到別人的成就後鼓勵自己也許做得到，沒有讓自己野心愈來愈大、期待愈來愈高，我一定很難走到現在這樣的地步。即使現在的狀態稱不上所謂的成就，但我知道我的視野看得比過去更寬廣，思考的角度也更全面，能選擇的路途也更多。歸究這些變化的原因，就是我懂得作夢，而也是靠持續計劃著未來，才讓我從來沒有放下作夢的能力。

用五年為一個夢想做準備

至於未來計劃為什麼是五年？因為我總覺得十年太遙遠，一年又太短暫，五年確實是可以將一件夢想完成的最小單位。其實所謂的成功就是一段累積，無數個累積，就是成功。因此利用五年計劃產生夢想後，更要用五年計劃實踐夢想。將目標具體為無數個小任務，安排進五年的期限裡。五年會細分成五個一年，一年再切割成十二個月，每個月有三十天，一天有二十四個小時。而每一小時所完成的任務，最終就會匯集成五年的一個大成功。這就是實現夢想的方法。

但時間在流動，一個「一年」可能是過去的第三年，也可能是現在的第一年。過去的目標與現在的任務不斷重疊，這也是我為什麼需要畫五年計劃線條的原因。只有把腦海中所有具體需要實現的目標與所需要的時間，具體化成明確的時間線，才不會在過去與現在的任務重疊中混淆。我很少一次只做一件事情，這是一種個人習慣，除了避免容易厭煩之外，也是因為真實生活上很難同時只推展一件事情。例如語言的學習是長久的累積，可能需要花費五年達到一定的程度，但不可能那五年只做學英文這一件事。因此利用五年計劃的線條，我能很輕易看清楚重疊的部分，每一段重疊都是當下我正在推展的工作，也是我同一時間需要費心的多項事情。這樣的習慣幫助我瞻前顧後，即使完成一件還有下一件事等著，不會有疏漏之餘，目標達成的成就感也是不斷在持續。

可能對於某些人來說，會覺得這樣的生活態度太過累人，但這些目標的長短與輕重甚至是數量的多寡，也是取決於自己的選擇，決定於最後歸納發展下，想讓自己成為什麼樣子的人。我十分享受這樣自己安排的人生步調，銜接得恰如其分也讓我感到安心，能夠感受自己一直持續在前進，同時為了現在以及將來在付出，那這樣的計劃就非常周全。我不怕感覺愈來愈辛苦，負重愈來愈多，因為只要我繼續往前走，就是得到突破的時候。

這樣同時考慮現在與未來的計劃態度，是我為數不多的優點中，最足以跟人推薦的好習慣，很想跟全世界的人分享。不去跟別人比較成就的高低，單就這樣的思考方式，我有自信適用於不同類型與不同成長環境的人。而關鍵點，就是要想在最前面。依靠這樣的態度，讓我出國後的這一段路走得很充實，收穫很多也問心無愧。如果真的有想到國外工作的企圖心，那就從現在開始為將來做準備，不要回頭看過去，過去錯過的時光不代表現在還做不到，已經過去的就讓它翻頁，因為要面對的是現在才開始起算的將來，就從現在做，沒有什麼來不及。這是所有人都一樣的，我也是一樣的，即使過去有不足，那就一直不斷地修補現在的自己。決定要在日本當律師，那我就要加入更多可以支撐在日本工作的條件，所以我在唸博士班的時候同時也考了中國的律師。在日本當律師之後感情也想要穩定，我用心的與日本男友交往然後步入婚姻。同時是律師又是日本人妻的我，接下來還有什麼願望？什麼時候把博士學位拿到手？是不是能把擁有的想法再多出版一本書？只要有願望，那我就去計劃、去努力，不管在什麼階段、站在什麼樣的位置，還是要把所有的事情都想在最前面，繼續為自己打算，去打拚。

用手帳實現夢想

同樣的一天，能夠善加運用的人離夢想更近

手帳事先把每個時段都安排好了，當下只專注在一件事上，卻在不知不覺當中，同時完成許多事情與目標。再加上早起的習慣，讓我一整天都能充分應用。一樣的時間，我卻有好幾倍的收穫。

配合計劃未來的習慣，我一直是使用手帳來協助我的。在日本，使用手帳是很普遍的一件事，幾乎所有學生都是人手一本，即使上班之後，還是有很多人習慣拿實體的記事本。我想這跟日本人很有時間觀念有關。還記得在就讀大學院的時候，有一次研究室的同學要一起吃飯，大家約六點在一樓集合。一位坐在我隔

壁的日本同學在五點四十五分的時候問我要不要一起下樓，我驚訝地看著他說，不是還有十五分鐘嗎？他回說對呀，不是該下樓了嗎？從研究室到一樓不用五分鐘的時間，等我們到一樓時發現日本學生都到了，但留學生們都姍姍來遲。我才恍然大悟對於日本人來說，準時的觀念不是約定好的時間到達，而是要提早才是準時。

不僅僅是時間，大部分日本人對於承諾過的約會，都不會輕易變動。有一次跟研究所的學姊一起討論報告，我默默說約了兩點剪頭髮，當時已經快要兩點了，學姊驚訝地問我怎麼還不趕快去？我心裡想報告比較重要，就說遲到一下應該沒有關係，不然就取消吧。但學姊嚴肅地跟我說，這在日本是不可以的！我又學到了一課。後來在各種場合，我都會很注意時間，遲到的份量在我心裡也逐漸變得嚴重，偶爾短暫回到台灣，有過幾次約定好的約會被突然改變時間，或與會的朋友遲到，我竟然會有種錯愕感，才發現原來在潛移默化間，我也有了像日本人一樣的時間觀念。

手帳更便於反省和修正

對我而言，日本人不見得所有的個性都值得學習，但守時這一點是絕對值得尊敬的。約定好的時間就是一種承諾，重視承諾的人才會受人信賴，這對我的影響很大。為了督促自己守時，再加上我本來就是喜歡做計劃的人，一本手帳在手對我來說就十分重要。現在因為智慧型手機的便利，很多人都將行事曆記載在手機裡，像我在法律事務所工作，為了會議的安排，在電腦上就有裝設事務所的行事曆可以詳細記載。但這不妨礙我使用實體的手帳，因為唯有實體的手帳本，才能輕易的安排還有變更計劃。即使像我這樣做計劃的老手，也無法完全估算好完成所有目標所需要的時間，再加上我偏愛超額安排工作量，所以手帳上的計劃是一直不斷在塗塗改改的。完成的就刪除，尚未完成的就修改進其他時間。這些修正與塗改也是一種自省跟重新思考，我很喜歡這樣反覆思考人生與做計劃的過程，也只有手帳可以協助我完成，比手機的行事曆更有溫度。

所以我很推薦擁有一本自己習慣使用的手帳，真的會讓生活更有秩序，也總給我帶來許多的安心。我習慣將五年計劃化作線條、記在手帳上，這是一個將抽象的願望化為具體任務的過程，非常重要。只有畫出了線，你才知道現在要幹什麼，也方便知道每個時期會有哪些重複的線條，代表需要同時完成哪些工作。五年計劃給了我大方向，是一個遠程的目標，而實際的工作分配，就要再更細分成一年或是一個月，甚至是每天，也就是近程的目標。因此我習慣使用的手帳會包含年、月、週，先將五年當中的一年份目標記在年計劃裡，然後評估所需要的時間之後填入月計劃，再將每月的計劃分配至週計劃裡。而在濃縮的過程中，內容會變得愈來愈具體，不再是一開始的例如「我要考上律師」，而是更清楚的「今天要唸完《民法》的第一章節」，邊寫計劃也邊思考實現的方法。

而將方法依序填入行事曆當中，事實上也是強迫管理時間。像我這樣害怕虛度光陰的人，時間管理幾乎是必備的技能。但其實我很少去探討什麼高深的時間管理概念，對於我而言最棒的時間管理就是將時間填滿，而有沒有填滿，從手帳上就可以看得一清二楚。

把一天分成三等份，清楚標示輕重緩急

我的使用方式是將一天分作三等份。如果不將一天分作三等份，辛苦的時候會覺得一天太長；若將一天分好三等份，就不會變成工作之外，只剩下睡覺。我本身不是那種非常有耐心的人，卻又特別喜歡把一天拉得很長，從我熱愛早起就可以看出。要怎麼不會煩膩地過完一整天？我想分享給大家的是，把一天確實分成三等份的想法。這其實可以在手帳上清楚畫出來，也可以在自己的內心區分出來。最簡單的概念就是用中餐與晚餐作分界，區隔出三等份，然後要求自己這三等份要完成不同類型的工作（或是安排）。這對還是學生的人其實蠻容易的，對於考生也很適用，例如早中晚安排不同的科目複習，或是像我在寫碩士論文的時候，要求自己早上研讀他人的論文或研究，下午時段一定督促自己下筆寫論文，晚上就可以輕鬆一點，安排其他喜歡的事物，我當時是把晚上時段利用來寫第一本出版的書。只要把一整天區分出三個時段，那整體的效率就會提高，因為心裡清楚知道一件事情可以用的時間只有這一個時段，不在吃飯前完成，那用餐後就

馬上要進行別的事情，無形中就會給自己一些壓力而更加專注。如果只是簡單的要求自己今天一整天要完成幾項任務，那白天就容易產生還有很多時間的心態，等到拖到下午或傍晚時才發現時間根本不夠用。

至於上班之後，白天的時間很容易被動的受工作所影響，甚至是由會議或出差等交通時間所支配，但我還是會盡量保持著三個時間段的概念，盡可能地將工作做簡單的區分。例如瑣碎以及必要事項我一定在早上完成，下午盡量保留大區塊的時間，完成我認為必較困難的工作。這樣在心裡以及行事曆上硬性做出的劃分，其實最主要還是給自己強烈的提醒，告訴自己晚間時段也是一段重要的區塊，無論如何都要安排進任務，來避免惰性讓自己浪費掉晚上的時間。

這樣充分應用時間的決心會在週行事曆中表現出來，橫列是一週從星期一到星期日，縱列是一天從早到晚二十四小時，每月、每日、一年三百六十五天都不會有缺漏。我每天要做什麼、什麼時候是空閒的一目了然。首先先將中餐與晚餐時段用粗筆劃分三個區塊，這是一天三個時段的堅持。然後將工作上以及私人的必做事項或不可遺忘的會議、約會用紅筆填入時間列中，再用黑筆標上正職律師工作的內容，藍筆是我的私人規劃，綠色是約會或閒暇的安排，鉛筆則是暫定的計劃方便我更動。連顏色我都是非常講究的，我曾經在某本說明如何使用手帳的書上讀到過，紅、黑、藍、綠筆這些顏色是真的會對大腦產生輕重緩急的暗示，所以用顏色來區別不同類型的工作也變成了一種習慣。

掌握時間安排，更能充分運用每一刻

至於一天二十四小時總有休息的時候，起床前跟就寢後的時間列就被我拿來做其他的利用。凌晨的時間列我會作為一天必要事項的提醒，例如今天該繳交哪些文件、該回什麼郵件等等，後面還會畫上小方框，方便完成時做確認。晚上下班後的時間，我會作為備忘錄，填入一些不太重要的事項，例如今天想要煮的菜、去超市要記得買什麼食材，或是睡前想讀哪一本書，這些我也會記錄在手帳裡作提醒。對於我而言，手帳上的安排不會帶給我很大的壓力，由顏色上我可以很輕易地區別事情的嚴重性，不會因為一件事情沒做到就不安。相反的，因為有手帳隨身在側的提醒我，讓我即使是芝麻小事都不會忘記，給我很大的安全感。

因此手帳對於我而言可以說是經營人生最重要的工具，它甚至不只是工具，更代表著一份決心。從一年的一開始，我打開一本全新的手帳，就會產生要將它填滿的壯志。我甚至覺得手帳之於我不是管理時間這麼簡單而已，更充滿要將生命過得精采的意義，呼應著我一直反覆嘮叨的要尋夢、要作夢。手帳就是一面鏡子，照映出你現在的狀態，是否將每一天過得充實？有沒有餘力再做一點其他？如果不能掌握自己現在的狀況，又怎麼知道為了實現夢想還能再付出多少？

每個人的時間都是相同的，為什麼有些人做事特別有效率，成就特別多？這就是善用時間的成果。而透過手帳可以讓自己對時間的掌握更清楚，想法更開闊，不會侷限於一次只能完成一件事的迷思，因為即使同時做許多事，在手帳的分配管理下，所有事情的進度都在自己的掌握裡。我利用手帳的輔助，在忙碌的日程中還是可以輕易的掌握自己的手頭上所有事情的狀況，不會因為一件事就把其他事情遺忘，也不會讓自己左右分心。因為手帳事先把每個時段都安排好了，我當下只要專注在那一件事情上就可以了。不知不覺當中，以為自己只做一件事，卻同時地推展許多事情與目標，再加上我原本就有早起的習慣，讓我一天的時間都應用得更有效率，人生顯得特別長。我以為我只是在唸研究所，卻同時寫書、寫論文、唸博士班、考中國律師。一樣的時間，我卻有好幾倍的收穫。

除了規劃時間，更是記錄生活的幫手

不光記事，我幾乎會把所有的想法都記錄在手帳裡面，對於天馬行空的人來說，有一個空間可以抒發想法也非常重要。我一有新的規劃，或是新的念頭，甚至是一句我很喜歡的句子，我都會記錄在手帳上。曾經我對自己的記憶力非常自豪，畢竟都考過兩個律師考試了。但從某一時刻開始，我會忘記一些小事情，像是曾經吃過的某間餐廳，或是在國外生活時曾遇見的某位外國友人的名字。這些事情在生活中不見得那麼重要，忘記了對生活不會產生任何影響，但我對於突然記不得的事情就會感到不安，覺得記憶力從此就要退化了。後來看到有報導說人的記憶力是有限的，當需要記憶的事情愈多，人的腦會自然排除比較不重要的那些事情，因此我不見得是腦力退化，可能是我需要記憶的事情實在是太多了。

為了避免遺忘的事情愈來愈多，在不要考驗腦容量負荷能力的考量之下，我更依賴使用手帳。將生活中所有的大小事通通都記載在手帳裡，除了每天的提點，更重要的是我希望將生命中經歷過的所有，都留下痕跡，手帳就是非常好用的工具。即使將來我不記得某些片刻，我都可以在手帳中尋找答案。

寫手帳的收穫不僅如此，這些小小的舉手之勞的習慣，在當初未預料的情況下，也為我之後的安排提供了幫助。自從我經營粉絲專頁甚至是出版書籍之後，反覆回憶過去的生活就靠手帳來提醒，那些人事物也因為有手帳，讓我可以描寫得更精確。這是讓我非常慶幸的事，也讓我更體會寫手帳的重要。

小律師的真心話

最有效率的人生管理術

心中有好多夢想，說了好幾年卻一個也沒實現？不是時間不夠、生活太忙，而是心態不對、虛擲光陰。參考小律師的身心管理術，拉長戰線、堅持不懈，讓夢想得到實踐。

與其熬夜，不如早起讀書

一整天人頭腦最清楚、記憶力最好的就是早晨的時刻。早晨的讀書速度是將近晚間時段的三倍，因此在安排讀書計劃的時候，可以將比較困難的科目放在早晨，或是安排較多範圍的進度，以達成最好的效率。

用運動維持身心健康，才有能力迎向挑戰

為了能夠隨時應對突如其來的生活變化、承受挑戰帶來的壓力與不

安定，需要好體力支撐，不只要能吃苦，也要吃得了苦。這樣心理與生理的雙重條件，都可以透過運動強化與提升。

保持好奇與毅力，讓學習的成果逐步累積

要保持學習的態度，關鍵在於好奇心。樂意接觸並吸收，對所有事情抱持興趣，並且找到最能堅持下去的力度。進度可以不要多，但是要長。只要把時間拉長，就能夠看到點滴的累積帶來的巨大成果。

用五年計劃實現一個夢想

將目標具體為無數個小任務，安排進五年的期限裡。將五年細分成一年、一個月、一天、一個小時，每一小時所完成的任務，最終就會匯集成五年的一個大成功。五年計劃讓人擁有大膽作夢的自信。

用手帳將一天分成三等份，不浪費任何時間

只要把一整天區分出三個時段，整體的效率就會提高，因為心裡清楚知道一件事情可以用的時間只有這一個時段，無形中就會產生壓力而更加專注。透過手帳的分配管理，讓一天的時間應用得更有效率。

第三章

大考的準備，沒有那麼難

考試最大的意義就是強迫學習，
把通過考試當作目標，
找到方向，才能增強學習動力。

不要害怕參加考試

考試可以是學習的手段，也是夢想的推手

調整想法，讓考試變成一個藉口，讀書的重心就會從分數移轉到學習的過程，這樣的態度轉變會讓讀書有更多的自由。不要思考太多、積極地準備各項考試，不論最後成績好壞，總能得到收穫。

面對考試，我獨自摸索前進了很久，除了經歷大家都有的段考、期中期末考、高中與大學聯考外，我在台灣還參加過研究所入學考試以及律師考試。出國之後，為了增進語言能力，我參加過英文及日文的語言測驗，還有碩士及博士班的入學考試。在讀書這條路上，我大概花上了將近二十年的時間，從一個程度普

通偏中上的學生，發展成考過日本頂尖大學，也通過兩場律師考試的專業考生，我覺得自己是有資格討論考試這一件事。

企圖心影響讀書風氣

從小我母親就很重視我們的教育，她常說她最大的遺憾就是不能讀書。我媽媽是很聰明的人，但因為家裡務農又是長女的關係，小學畢業後就要留在家裡幫忙照顧弟弟妹妹。因此她對我們的要求很高，從小學四年級就將我們送進補習班，由嚴格的補習班老師督促我學習。其實我當時對於讀書沒有什麼想法，就只擔心成績不好會被打，也喜歡媽媽看到我成績好的時候的開心，所以我在小學時一直保持不錯的成績。上國中後，我父母覺得私立女校的環境比較好，就將我跟姊姊送進一所私立女中，但班上大部分是家境優渥的學生，很多都是準備要到國外就學的，讀書的風氣並不是很盛。我在這所女中的成績一直不好，雖然說不上不用功，但總覺得力不從心，也可能脫離了嚴格的補習班老師的教導，我一時之間找不到唸書的方法。再加上因為家境在班級裡算是普通，所以並沒有受到老師的重視，我也變得比較自卑。

後來我媽媽發覺我們的成績並不理想，就效法孟母三遷，在國二下學期為我們轉過一次學。這是位在市中心的一所明星國中，為了進入這所學校，我們真的舉家搬到明星學區。進入這所國中後，我似乎很能適應這所學校老師的教學，竟然真的愈來愈知道怎麼讀書。尤其班上企圖心強的優秀同學很多，畢竟大家都是要拚聯考的，我受到影響，讀書態度從此變得非常積極。還記得有一次老師在檢討考卷，我一直低頭在做自己的事，老師走到我身邊當著全班的面抽出我放在抽屜的書，才發現我利用老師檢討自己已經懂得的題目的時候，正在寫額外的參考書。老師立刻轉身勉勵大家，誇獎我為什麼每次模擬考都是一百名、一百名在進步，因為我懂得把握時間努力。導師還曾經私下要我將以前的課本拿給她看，看著我過去沒什麼筆記的課本，很感慨我之前是怎麼學習的，而讓我去借班上第一名同學的課本。經過這些勉勵，我更用心在功課上。我也常常覺得這一次的轉學，其實是人生中一個很重要的轉捩點。

從此之後，面對考試我的態度都是積極的。還記得國、高中時，我特別熱愛跟姊姊一起去書局挑參考書，除了學校強迫要寫的書之外，我每一科都會額外多買兩、三套參考書回來自己複習。所以每次聯考過後，我與雙胞胎姊姊的書本都可以堆成像一座小山一樣，媽媽還要特地請人來回收。即使如此，我考高中與大學的聯考成績並沒有很理想。除了平常的努力之外，臨場的反應也很重要，我想自己並不非常擅長面對大考的壓力。

找到合適的準備方法，才能達到學習效果

而來到大學之後，畢竟剛成為大學新鮮人，總覺得有比功課更重要的事，因此一開始也只是讓成績維持在中等。有一次，當時的桃園縣長蘇貞昌來拜訪學校，為了接待縣長，學校特別安排讓縣長頒獎給成績優秀的學生。當時除了前三名的書卷獎之外，還包括進步超過十名的進步獎。我當時在台下激動想著，為什

麼自己沒有機會在台上被頒獎。這一件事竟然又激發我想唸書、想考好成績的企圖心，雖然書卷獎比較遙遠，但我立志下一次考試也要上台拿到進步獎。

二年級開始，我抱持著一定要進步超過十名的想法，在期中、期末考前發憤讀書。當時法律系的期末考科範圍非常多，我不僅複習一遍或兩遍而已，在讀書計劃表上有些科目甚至複習到六遍。還記得最後一週的考試科目太過密集，我每天幾乎都只睡二個小時，就這樣撐過一個禮拜。不眠不休的學習方法很考驗體力，也是因為當時還年輕才能辦到。雖然事後想想這樣硬撐實際上效率根本不高，但我堅持要完成讀書計劃表上的所有安排，也確實展現了我對考高分的決心。最終我超過預想，直接拿到第一名，跌破了全班同學的眼鏡。但之後就再也沒有縣長來拜訪我們科系，因此故事的結局就是我到最後都沒有上台領過獎。

這就是我青春時對考試的愛恨情仇，雖然一直都是中間偏上的成績，但不影響我對挑戰考試的樂此不疲。對於我而言，考到好成績固然是最終目的，但我似乎更熱衷於面對考試的挑戰。在直面考試時，我怎麼選擇考試的用書、要怎麼擬定讀書進度表、如何作考前筆記、讀書時間該怎麼分配、怎麼在考前對抗壓力並堅持，這些面對一場又一場考試的態度，都是我作為一個平凡學生在這種以成績為標準的教育環境下成長，既痛苦又熱血的掙扎。如果說到大學為止的考試都是不得不為，那我只能在辛苦中尋找樂趣，在不完美的成功中反覆安慰自己，告訴自己就是喜歡讀書、就是喜歡準備考試，然後接受所有最終的考試結局。

有明確的準備範圍，讓學習更有目標

但長大後的考試卻變得不一樣了。當沒有了升學聯考，沒有了畢業門檻，離開校園後的成績又算什麼？我自己決定再唸一個碩士學位，還堅持考上律師，又到了日本繼續升學，這些自己給自己增加的考試又是為了什麼？沒有升學藉口也沒有師長強迫，這些考試都是自己做的決定，也是為了自己。當律師是我的夢想，唸法律系也是因為想考律師，在考量律師考試的困難度之下，我認為留在校園是最好的備考環境。因為在校園裡有豐沛的書籍資源，也有良好的自習環境，最重要的是有一群共同目標的考試戰友，因此先考上研究所、再考上律師就是我的作戰計劃。在這樣的前提下我全力以赴的準備考試，印象最深刻的是一次赴政治大學參加入學考的時候，因為長達好幾個月的準備，加上考前的緊張，鈴聲一響大家準備進入考場時，我在站起來瞬間眼前一片黑，感覺要暈倒了。那是我第一次差點暈倒，沒有經驗的我一直搖搖晃晃，應該沿途撞到了不少人，憑著感覺走到了教室前，卻也只能扶著牆柱蹲在地上，讓暈眩的感覺過去。等了一陣子之後實在擔心考試的入場時間，我只好痛苦地進入教室，坐在位子上等狀況好一點之後才開始動筆。結果想當然的很不理想，那是我最糟糕的一次考試經驗。但也是這一次的經驗，讓我知道為了實現自己的決定，為了完成自己認為對未來有幫助的安排，我能夠為了自己付出多少，而不畏懼任何考試的苦難。

因此我知道自己是勇於面對考試的，也在成長中逐漸改變了對於考試的態度。去菲律賓的時候，我本來在英語學校的一般校區就讀，課程教授的範圍就是生活英語，內容比較輕鬆，也很容易上手。但自從我可以開口說英文之後，我發現好像很難再有突破，我本來對自己的期待就是可以開口說，那開口說之後呢？我發現自己頓時失去學英文的目標了。因此我馬上轉到雅思校區，那是專門為應付雅思英語考試設置的課程。除了有老師教授一般為應付考試的聽、說、讀、寫課程外，每週也有非常密集的考試。這樣的教學安排又讓我重新回到了考試的戰場，重新為了考試而讀，為了應付每週的模擬考試而讀，為了最後的雅思成績而讀。這樣的改變讓本來無邊無際的英文範圍，突然在我面前變得具體，我告訴自己只要練習完這些習題，那就代表已經學有所成。因此我增加了自習的時間，唸書方法也調整為配合考試，勤奮地練習所有的考古題。結果每週的考試成績反映了我的進步，而考試內容因為同時包括聽、說、讀、寫，所以我也確實同時在這些練習中，得到全方面的成長。

把考試當成推動學習的理由

從此以後考試對我而言最大的意義，就是為了讓自己強迫學習。用考試作為目標，才會有所謂的成功的門檻，進而增加學習的動力。這樣的方式讓努力範圍變得清晰，也能夠知道用力的方向。這種想法對於學習缺乏安全感的我非常適用，也能夠催眠自己努力終會有盡頭，那就是用考試的成績來證明。因此我對於考試的態度又更成熟了，考試除了為了將來，更是一種學習的原動力。

甚至可以換個思考方式，如果你討厭檢討自己的話，那就不要把考試當作審視自己的工具，就將它作為一個開始學習的理由。所謂萬事起頭難，不要把考試當作結果，把它作為一個開始的起因，因為有這個考試所以我開始準備、開始學，抱持著這樣的想法開始動作。這樣的換位思考其實是很正向的，因為大部分人討厭考試的填鴨式學習，但調整過想法之後，考試變成只是一個藉口，重心就會從最後的分數結果移轉到學習當中，看重的是學習過程中的收穫。這樣的態度轉變會讓讀書過程中有更多的自由，不會因為考試的內容限縮唸書的範圍。所以我鼓勵多多的參加考試，不管是帶有何種目的，也不管能不能確定是現在的自己所需要的，不要思考太多、積極地準備各項考試，因為不論最後成績好壞，過程中多少都能夠得到收穫。

這樣積極的參加考試當然有好處。我在日本時，原本的計劃是只要唸完日本語學校就離開。但我逐漸發現即使唸完日本語學校全部的課程，甚至通過日本語能力測驗N1的考試，我也不具備應用日文在律師職業上的技能。因為法律用語的要求比一般的文書高，要用字精確、避免曖昧的詞語，也要在簡潔的文句中表達所有的目的，這是很高的語言能力要求。如果希望對我的律師工作有幫助，那日語能力也要有相對應的水準。所以我又下了在日本唸研究所的決定，為此再度投入入學的考試，然後又是反覆的學期成績考試，還有畢業考。我再一次的挑戰專業學習，然而用的卻是外語，難度更高，挑戰更大。

接著為了在日本就業，我重新投入以為這輩子不會再來一次的律師考試。如果說在我的生命中有什麼是真正難的，那這兩次的考試經驗絕對排得上前幾順位，但我終究在這兩場律師考試當中生存下來了。問我過程中有多辛苦，兩個月瘦了十公斤當然辛苦；問我有沒有想過放棄，我當然有想丟下一切、好好睡一覺的時候；問我會不會害怕失敗，我當然不只一次擔心所有努力會是一場空。但這些忍耐與堅持，最後還是讓我換來成功的果實。如果沒有通過這兩場對我的人生至關重要的考試，我的所有生命軌跡可能都必須改寫。那這兩場考試值不值得？當然非常值得。

考試是能力證明，也是朝夢想邁進的手段

因為我有日本大學院的畢業學歷，所以有了在日本工作的最基本資格。當然很多人會說在日本就業不一定需要日本學歷，但那取決於你和什麼樣的人競爭。如果說你有自己無可取代的專長，或是異於常人的背景經驗，那你可能不需要學歷證明。但如果你只有會說中文這項特點，世界上會說中文的人那麼多，你要如何脫穎而出？除此之外，如果你期待跟日本人一樣的工資水平，你要用什麼條件讓日本企業選擇你而非他們自己的國民？你有的成績、學歷、證照，就是別人評斷你的標準，也就是你跟別人競爭的籌碼。我擁有的日本學歷讓我可以在日本就

業；我取得的台灣執照，能讓我在日本作為律師工作；而我同時具備的中國律師資格，就是讓企業在中國與台灣這樣相差懸殊的市場比例中，選擇我而不是同樣會說中文的其他台灣律師的理由。

所以考試重不重要？通過考試重不重要？對我來說非常重要也非常值得。因此不要讓自己面對考試時退卻，不是考試在欺負你，而是你要利用考試。這些考試都是手段，只是一種證明自己的工具，還可以幫助自己邊應付考試邊學習，甚至可以邊學習邊挖掘興趣專長。考試也包含許多技術證照，餐飲乙級考試、紅酒執照考試，甚至芳療師證照考試，這些都是有難度的專業級考試，但準備過程中也是一種成長，更是一種對未來和夢想的拓展，那過程中又有什麼痛苦的呢？為了自己，又有什麼委屈呢？

請面帶微笑，積極正向的面對考試吧。

考生的心理備戰

想通過考試，關鍵在於維持身心平衡

面對考試，心態很重要。不僅僅要死守住決心，更要懂得隨機應變，永遠讓自己保持在最好的狀態，維持心理的安定、規律的生活以及平穩的環境，才能讓用心得到相應的反饋。

作為身經百戰的考生，我覺得影響考試結果很大的因素，就是能不能在考前調整出最佳的備戰狀態。在過去準備大學聯考的時候，我曾經做過一個錯誤的決定：我在聯考前的最後兩個月參加了補習班的考前戰鬥營。

那個考前戰鬥營是這樣安排的：每天早上到晚上的固定時間都要待在補習

班，在很狹窄的座位上自習，中間有固定的下課時間，也有提供中、晚餐。特別的是有安排輔導老師，有問題都可以到特別的教室詢問老師。整體看起來，這樣的魔鬼戰鬥營很適合讀書，但實際上因為教室的位置實在太小了，坐在位置上一整天，讀書的效率很差。另外因為跟隔壁的同學靠得很近，書本都不能盡情地擺放，也很容易受到隔壁同學的影響。還有，來到戰鬥營的是各學校的學生，互相不熟悉，也有些耳語跟摩擦，對於一個即將面臨考試的考生來說，這些都是讓心情無法穩定的危險因素。

我在這樣的環境下度過考前最後的日子，坦白說，即使到了考前幾天，我都沒有徹底平靜下來，也沒有把握在最後的時間將讀書效率提升到最高，沒有一種全力以赴的感覺就進到了考場，結果並不是非常的滿意。這裡面也有自己需要檢討的地方，但如果可以重新再來一次，我一定不會在最後關頭變換環境，一定要盡一切的可能，讓自己待在熟悉安穩的地方。

當時有一半的同學沒有選擇參加戰鬥營或在家讀書，而是留在學校準備，這些同學的聯考成績普遍都比參加戰鬥營的學生來的好。我覺得很關鍵的原因就是不應該在考前的最後時間有太大的變動。對當時還年輕的我來說，並無法知道重新適應環境對自身帶來的影響，等到考研究所時我就深刻地明白，維持心理的安定、規律的生活以及平穩的環境，對脆弱的考生來說有多重要。

熟悉的位置帶來安全感

在大學時，我就養成考前一定會做讀書計劃表的習慣，對於讀書計劃表的實踐度也非常高。

當時唸的大學，在教學大樓的地下室擺放了非常多的長桌椅，供學生自習用，我們稱作「地圖」。那裡是法律系學生的讀書基地，因為會在那裡讀書的學生，八成都是法律系的。

在研究所考前幾個月，我與班上幾位準備研究所考試的同學，幾乎一天從早到晚都待在那裡。那時候我有一個固定的座位。其實每一張長桌子都長得一模一樣，因為是公用的，也不能用自己的私人物品霸占座位，所以每天會使用的人都有些不同。但我不接受，我一定要坐在自己習慣的那個位置，只要發現那天位置上已經有人而我需要換位置的話，一整天就會感到非常不習慣。我覺得考生有一種毛病，就是很容易感到不安，我想是因為心裡的壓力沒有出口，所以才很容易被一些小事影響情緒。我就是特別敏感的人，為了不要讓自己感到不安，每天都會極力讓自己坐在那個固定的位置，因此我幾乎都是全「地圖」最早到的那一個人。每天最早到，然後固定十點離開。

到了研究所要準備律師考試的時候，我的讀書地點是在學校研究室。研究室是個有將近五十人座位的大教室，因為喜歡湊熱鬧，我本來的座位是附近都坐滿了人的開心的位置。但自從決定為律師考試備戰後，我知道要脫離舒適圈，就選了一個在角落而且四周都沒有人的位置，作為我讀書的大本營。當時因為附近座位都沒有坐人，我將考試書本擺滿隔壁的座位，然後就在被書本包圍的、與世獨立的空間中，獨自而安靜的自習。考生是很脆弱的，也很容易被周遭影響，即使一點點的聲響都會讓我煩躁，只要我感覺太吵了，就會站起來提醒那些每天相處在一起、熟到不行的研究所同學們，像個班長一樣管理秩序。

固定作息幫助穩定情緒

當時我的生活作息是這樣的：每天一定早上四點半起床，五點準時到達研究室。到達研究室之後吃早餐，吃完就直接開始唸書。

按習慣，我會將一天分成三個時段，每一個時段安排不同的進度。這種劃分時間的概念，對於效率的提高很有幫助。同樣一門科目，計劃一天讀九十頁，絕對不會比一天三個時段、每個時段讀三十頁的完成率來的高。這種追趕進度帶來的無形壓力，是提高做事效率最好的方法，可以有效對抗人的惰性。而三個時段不一定是一樣的長度，因為一天最有效率的時候就是早上，到了晚上，其實已經有些疲乏，因此我早上安排的時段最長。由中餐與晚餐作為劃分，早上一定從五點多一路唸到十二點，然後去吃午飯；午飯大約半個小時，回來休息一個小時，準時下午一點半開始第二個時段；下午五點一到，我一定立刻去操場跑步，熱身加上跑完操場十圈約花費一個小時，才會去用晚餐；晚餐結束是七點，回來後繼續讀到九點半，回到家、洗完澡，一定在十點半前上床。

這樣的作息我持續了好久，具體記不清楚是幾個月，一開始也花費了一段時間摸索，最後漸漸養成了這樣的規律，一直持續到考試前的最後一天都沒有改變。除用餐時間外，每天運動一個小時、跑十圈操場也是我的堅持，那甚至是我一天當中真正放輕鬆的時間。現在的我其實很容易就可以一口氣跑五公里，但十圈對當時的我來說非常困難，我跑的速度非常的慢，再加上夏天炎熱的天氣其實十分難受，但我總是逼迫自己一定要跑完十圈，在快要跑不動時，我會對自己信心喊話：如果我能堅持跑完十圈，那我一定可以考上律師。這樣的半鼓勵半強迫對我非常有效，我也一直保持運動的習慣直到考前。

當時研究室裡的考生實在太多了，而且吃飯也常常相約一起去，又因為我嚴格貫徹自己的生活作息，連帶漸漸的影響整間研究室的同學。每到下午五點時，大家都會開始一陣騷動，準備做自己喜歡的運動，所以下午五點到六點變成固定的運動時間。不僅跑步，我偶爾也會跟同學一起打桌球，這些真的是當時每一天最珍貴的放鬆時刻。

這樣固定的考試作息對需要心情穩定的考生幫助很大，將浮動與突發狀況減到最低，可以讓考生避免浪費時間。對於我來說，進入讀書的狀態需要一些時間醞釀，無法在一開始就立刻投入全然的專注。等讀了一陣子進入狀態後，唸書的速度就會變得很快，那時候效率最高。可是這樣專心的狀態卻很容易被干擾，一個人來找我說幾句話、停下來找幾本書，或是中午休息去吃一頓飯，我就要重新開始培養。這些重新醞釀情緒的時間我都覺得很浪費，尤其到逼近考試的時候，讀書狀態一被打斷我就會感到不安，還要花費時間重新安慰自己平靜下來。所以愈到考試我就愈約束自己，一定要按照相同的時間作息，一定要完成每天安排的進度，只要自己夠堅定，就不會輕易被外界影響。

面對考試壓力，心理素質很重要

律師及司法官考試是難度比較高的國家考試，尤其我當時參加的還是舊制，錄取率相對較低。因此必須要花費較長的時間準備，有些人花上好幾年，有些人一次就考上。我開始準備律師考試是在研究所二年級的時候，因為當時還有學校的課程，所以真正擺脫所有外務、專心投入考試的時間，其實不超過半年。但也不能說我只準備半年就考上，因為作為法律系的學生，其實一直以來唸的書都是為最終的國考作準備，只是說最後的這半年我才全身心都投入考試，腦中只有考試、起床只為讀書。

這半年來我給自己的心理壓力很大，因為考試如果失敗，那就是再一年的重來，我不想在同一件事情上浪費時間。而且我總覺得，只有下定決心全力以赴並且不要給自己後路，才可能攻克考試。所以我一直以今年就一定要考上的心情在準備，從不會在要唸多少上面猶豫，要做就做到最好、最周全。因此我的讀書計劃是很繁重的，有時候甚至難以達成，但我都會強迫自己完成。這樣的心態讓我一直戰戰兢兢，好像今年沒考上，我這一生就會完蛋。這樣壯士斷腕的決心對考試來說是正面的，但同樣也要有一顆足以承擔的強壯的心。

我一直說自己是一個很脆弱敏感的人，心裡任何的感受都會表現得很強烈。讀書壓力帶給我的傷害很大，我曾經長達兩個月的時間幾乎吃不下東西。那是在考試前最後的兩個月，我還是維持一樣的生活作息，雖然日子過得很穩定，但我每天都在追逐著擬定的讀書計劃表，那潛在的壓力讓我喘不過氣，直接的反應就是吃不下東西。一大早我一定會買一杯奶茶跟一份三明治，我最喜歡吃的就是總匯三明治，早餐一份剛剛好。但到後來，我一個三明治已經吃不下，只能點蛋餅來吃。我非常喜歡吃起司蛋餅，只是蛋餅的份量通常都讓我感覺太少而無法滿足。但那時候的自己，即使是一份蛋餅我都無法將它吃完，本來吃完早餐才開始唸書的規律也不得不改變，因為根本等不到那一刻，連一口都吃不下去。所以我就直接開始讀書，邊讀邊勉強塞一口，再慢慢的吞下去，等到我全部吃完大概都已經十點半左右了。

我很努力盡量不去想自己在準備考試，只想著自己在唸書，因為只要一想到考試我就會頭皮發麻，從脖子麻到頭頂然後感覺自己不能順暢呼吸。那時候中午、晚上大家都是一起去吃飯，我實在吃不下，但關心我的同學都會拖著我一起去。我會努力的把配菜吃下去，主食幾乎無法入口。有時候吃到一半還會想到考試的事，整個人不安起來，覺得自己沒有時間了而坐不住，只能先離開餐廳回到研究室座位，才能慢慢把焦慮的心情平靜下來。

能排解情緒，才能繼續前進

這樣的情況當然不正常，大學時看過心理醫生的我知道這樣不行，很怕無法堅持下去，所以我很努力地鼓勵自己。在行事曆還有書桌的桌墊下，我會貼滿寫了鼓勵標語的便條紙，在慌張的時候就會把那些標語拿出來唸，一遍又一遍，安慰自己現在做的都是為了自己，反覆提醒自己如果這是未來三十年的工作，那我又有什麼捨不得付出的。

這些可以安慰自己的方法非常重要，如果陷入焦慮的情緒中，一定要想方設法地讓自己安定下來。當時韓國的偶像團體剛剛在台灣火紅起來，這也是能讓我平靜下來的一個好方法。每天早上一起來，我都會想起自己今天又要開始唸書了、這場考試的仗還沒有打完，然後就會陷入很深的低潮和沒完沒了的憂鬱。因此到了學校之後，我就會先用研究室的電腦看韓國偶像團體的舞蹈MV。那時候的狀態真的是連中文歌曲都無法承受，因為中文歌詞是聽得懂的，我無法聽聽得懂涵義的音樂，脆弱到不能接觸會影響情緒感受的任何媒介，因此我只能聽韓國歌曲。看著激動的舞蹈還有聽不懂內容的歌曲，我會稍微的平復情緒，才能開始讀書。

而讀書過程中，我還是會突然感到不安、突如其來的緊張鬱悶。這時我會走到另一棟大樓的走廊底端，那是一個面向校外方向的樓梯間，因為很少人進出，我會在那邊唱歌。當時我只唱一首歌，就是范瑋琪的〈最初的夢想〉，這首歌的涵義非常激勵人心，描寫實現夢想時雖然辛酸無助但還是要堅持。我會對著空曠的校外一遍又一遍的唱，提醒自己當律師的夢想，即使再無助、再孤獨我都不該放手，因為「最初的夢想，絕對會到達」。

這些都是我對抗讀書壓力的方法，相較於普通人，我真的是心理強度特別弱的考生，在考前最後一個月我甚至住到隔壁室友的房間裡，那是我的研究所同學吳孟美的房間，一個特別善良的人。當時我實在害怕考試到無法自己一個人待著，她就讓我跟她睡在一起，還受我早睡的作息所累，連晚上跟男朋友講電話都要降低音量。我就是這樣一個很沒用的人，甚至拖累其他朋友，但我依舊撐過來了。這麼辛苦、這麼折磨的考試，我還是堅持下來了，沒有中途放棄，最後也確實考上了。這真的很需要決心，還有意志力與毅力，因為不短的時間裡要堅持相同的作息，不斷的反覆唸書背誦，還要邊壓抑心裡的反擊，這些並不容易。其實說決心、意志力還有毅力都十分虛幻，我也無法具體說出這些該怎麼培養，只能說在一開始就要立下目標，然後無論如何都不可以放棄。

過分勉強自己，無助於達成目標

在日本的時候，我準備報考中國的司法考試，中國的司法考試範圍非常的大，大到無邊無際、無法想像。我採行的讀書方法跟準備台灣的律師考試相同，一樣每天三個時段，三個時段都有不同的進度。不同於台灣的考試，中國的法律我從來沒有唸過，幾乎是從無到有的準備。更艱難的是，我只有兩個月的時間就要面對考試。當時我給自己的目標一樣是一定要考上，不管剩下的時間有多短，我都要充分應用這兩個月的時間。對於考試的準備我其實脾氣很硬，只要覺得唸幾遍會考上，就會堅持自己達到目標。因為兩個月的時間不多，開始準備後我也馬上感覺到考試難度比我想像的要高很多，因此我每天早睡早起的作息幾乎無法達成。為了完成讀書計劃，我從期待的十點睡延後到十二點，到後來的半夜一點甚至是兩點，但依舊不變的是，我還是從早上五點開始讀書，等於一天的睡眠不到四個小時。

人的一天只有睡四個小時，那是遠遠不夠的。但即使如此，想考上的決心還是驅動著我每天早上五點前就張開了眼睛，然後開始一天的讀書。我以為這樣的狀態會非常疲憊，但事實卻不然，我依然能堅持一路唸到晚上一點多，中間甚至只休息不到一個小時。當時的狀態也跟在台灣一樣，我通常吃不下東西，花一個早上吃了蛋餅，中午大概只吃得下一顆水梨，然後傍晚五點左右我會給自己煮五顆水餃，再加上四分之一碗米飯的茶泡飯。這樣少量的飲食我卻一點都不會餓，甚至也不會累。這一次的戰役只有兩個月，我一直安慰自己撐過這兩個月就好。

但我在心理上還是壓力非常大，尤其中國的考試制度我不熟，身邊準備考試的人也只有我一個而已，基本上求助無門。再加上去學校研究室的路程時間我覺得太浪費，每天就關在自己的房間裡從早讀到晚，有問題時我也只能自己找解答，非常的孤獨又無助。每天最有效率的讀書時間就是早上，早上時段唸完我大概就會知道今天的狀況能不能趕上進度。然後吃完中餐的水果後，我只有休息十五分鐘就又要開始下午時段的讀書。我自己的心裡清楚這樣唸書真的很苦，尤其拚了好一陣子覺得腦袋唸到爆炸，卻還只是下午一點鐘，痛苦的時間還有一整天那麼長。這時候我就會想哭，我也會就讓自己哭。沒有理由、可能心裡也沒有什麼想法，我就是想哭，就是想發洩一下。我會邊哭邊喊個幾句話，也不記得喊了什麼話，可能根本沒有任何內容，就是想哭喊幾句，然後乖乖的擦乾眼淚繼續讀書。

保有彈性，適時調整過於理想的計劃

這樣身心不健康的生活狀態，到考試前倒數兩週終於反撲。有一天我起床後發現自己非常的想上廁所，大概每隔五分鐘就想上一次，甚至是上完幾秒鐘之後還想上。我的一整天就籠罩在想要上廁所的狀態下，根本無法專心，我知道自己撐不住了。即使我的心理還是很堅定，意志力也還能支撐自己繼續堅持下去，但生理狀態已經無法負荷了。身體非常的不舒服，但讀書計劃就在那邊，我有不得不唸的壓力，我覺得自己還可以但身體就是無法跟上腳步。我躺在床上流眼淚，心想這一次大概不行了，沒有辦法完成讀書計劃表，也可能考不上了。絕望的心情讓我一直在床上哭，沒有人可以告訴我這時候該怎麼做，我就一直躺著，沒有任何想法的躺著，然後睡了一場覺。醒來後我決定放棄了，不管如何都完成不了自己所擬的讀書進度，但考試還是要參與。我爬起來把手帳上面的計劃通通改掉，本來在最後兩週計劃複習兩次的進度，我硬生生的刪減掉一次。我決定放過我自己，在考試前我就只再唸最後一次，能考上就是我幸，如果考不上也知道自己已盡力。

這樣一個心態與計劃的改變之後，我突然就不再想上廁所了，真的就是一個轉瞬而已，我又能重新坐回書桌前。因為計劃的改變，時間上更有餘裕，心態上也更從容，就像是大大的鬆了一口氣的感覺，不再那麼緊張了。「放棄」在我的讀書生涯中很少見，尤其是在面對這麼重要的考試，但放棄了部分，帶給我的影響卻是好的，我能順利的將改變後的計劃完成，心理跟生理都能配合，最後竟然還是高分考上。

我想這可能是一種放棄的藝術，這是一堂教會我應變的課。堅持是好事，有毅力也是好事，但在突破自己的極限之後，也要讓自己量力而為。準備考試最關鍵的重點，不是犧牲自己的所有，甚至健康，而是在所擁有的有限時間裡，怎麼聰明的安排，讓自己善用所有的武器。也許我在最後所做的改變並不是放棄，而是一開始安排進度就出了問題。如果時間不夠，該怎麼更巧妙地抓住重點？是不是還適合全面地毯式的閱讀與背誦？這都是我一開始沒有徹底想好的。所以準備考試過程中的心態真的很重要，不僅僅要死守住決心，更要隨機應變，永遠讓自己保持在最好的狀態，這樣自己的用心才能確實得到相應的反饋。

想考上律師，先學作筆記

愈繁雜的內容，愈需要運用筆記幫助記憶

對於考試，我從來不賭運氣，我相信將書裡的東西記得愈多，勝算就愈大。為了記憶大量的考試內容，我的方法就是盡可能的重複背誦，而幫助重複背誦的方法，就是親自作筆記。

我這一輩子經歷過最困難的考試，就是律師考試。現在的律師考試是新制，共分成兩次進行，一次為選擇題，合格之後才會參加第二試的申論題。我參加律師和司法官考試的時候還是採行舊制，考試科目包含十三科，試卷全部都是申論題。律師及司法官考試最大的困難在於它的考試科目非常多，每一科的法律架

構以及思考脈絡皆不相同。法律是發展很長久的學科，不僅過去的法理發展要知悉，在人文社會的發展下，相應的法律解釋也會愈來愈多。因此隨著法律不斷的發展，產生了愈來愈多的各家學說。而律師考試所要考的，不單純限於法律規定內容的死記項目，還包括各家大師的不同學說。在學校裡跟著老師學習的時候，老師都會有自己採行的見解，但到了國家考試的時候，又會有出題老師的不同意見。因此，我們所要知道的內容不光是學校老師所教授的，法律大家學者的理論也要背得滾瓜爛熟。

不僅如此，除了學說派之外還有實務派。實務上，法院所實際採納的意見及大法官的見解也都要知悉。如果有認識法律圈的朋友，很容易聽到我們在講甲說、乙說，這就是經典的答題方法。因為一個法律問題的爭點可能存在各家學說，所以必須按照各家學說所採納的爭點個別進行解釋，然後回答自己所採納的見解，並附上理由。因此，不同於以前聯考時選擇題基本上都有答案，法律考試沒有，按常理一個問題一個答案的背誦方式行不通。法律的一個問題會有兩、三個，甚至四、五個可能的解答，要背誦的答案多了好幾倍。光《民法》一科就有上千條條文，每一條條文都可能存在爭點，一個爭點不只一個答案，再加上共有十三門法科，可以想見參加一次律師考試要背誦的記憶量有多麼繁重。

自己寫筆記，記憶最清晰

因此戰勝律師考試的關鍵，我認為就是在比誰記得多、記得清楚，如果記得的愈多，那勝算就愈大。當然影響分數的因素還有很多，包括文字表達的能力、邏輯推演的準確及下筆內容的精確度等，甚至是臨場反應。但這些表現的前提都在於能不能抓到題目所要問的爭點。而能否抓到爭點並且回答出該爭點所包含的所有論點，就取決於腦海中記下了多少內容。因此我的讀書方法就是盡可能的讓自己記下更多的東西。要怎麼記下更多的內容，每個人也有不同的方法，我本身比較擅長短期記憶，也就是記過的東西經過長時間就很容易忘記。像前面說過的，律師考試本身因為考科非常的多，要把全部的內容唸完一遍，可能就要花上數個月的時間。而經過數個月之後到了第二輪的複習，我就會發現背過的內容幾乎已經完全忘記，這樣的情況是我要克服的最大問題。我想出來的解決方法，就是盡可能重複背誦很多遍，而要實現重複背誦很多遍的方法，就是作筆記。

很多人覺得作筆記很浪費時間，在背誦的過程中如果再加上作筆記，那花費的時間會更多。但我自己的親身經歷是，作筆記絕對是必要的工作。參加過考試的人一定會知道，法律教科書或是考試用書都將近三、四公分厚，某些大科還會分成上、下本，內容非常的多，當中除了重點外還包括說明的部分。在第一遍背誦的時候，確實要花費許多時間將所有的內容理解清楚，然後記下結論。但如果第二次、第三次還是重複翻閱那本厚重的書，在滿篇的推演跟說明當中再一次尋找答案然後背誦，那才是真正的浪費時間。因此作筆記是非常重要的工作。筆記本上只有重點與摘要，在第二次甚至是之後的複習時，就不用重新翻閱教科書尋找答案，可以節省很多時間。

而且筆記一定要親自來作，透過自己第一次的閱讀理解，將問題點羅列並記上摘要，因為是自己親筆寫下的，所用的語法以及歸類方法都是自己所熟悉的，之後的複習就會很容易上手。這是非常關鍵的步驟。坊間可能已經有很多現成的重點整理書，但這些都不是自己所歸納整理的，在閱讀時還是要重新理解一遍，書中寫不清楚的地方甚至還找不到出處去尋找答案。而且，作筆記的內容一定是精華中的精華，如果是由自己作筆記的話，可以將很多單字縮寫，也可用自己的暗號代替重複出現的用語，節省很多撰寫還有閱讀的時間。

筆記搭配圖像記憶，再多內容都記得住

我自己當初的方法是將筆記寫在便條紙上，再將便條紙貼在《六法全書》上。因為律師考試考的終究是法律，所有的爭點問題也都是源自於法條，因此法條才是最完整的範圍。我由法條出發，將法條本身的條列作為筆記的大架構，將所有的筆記都按著法條的順序來整理。首先，每一個考科我都會選擇一本研究後覺得最周全的教科書或考試書，不需要遍地開花式的一科準備很多本，只要一本

就好！我相信只要能夠把一本書全部的內容都背起來，就足夠應考。準備每一科的一開始，我會先將全部法條的條號寫出來，法條也是有章節的，我把全部的法條以編、章、節的方式，按層次寫出樹枝狀體系圖。寫完體系圖後對這一科就會有基本的架構理解，然後再從這架構中填充內容。

每本考試書都會有不同風格的撰寫方式，但我最後都會整理成自己習慣的格式。我最喜歡的方式就是樹枝狀的圖，然後把所有重點分點。例如一個法條如果有五個要件，我就一定會從一標到五，接著摘要出每個構成要件，再用線連起來，開頭寫上該法條的名稱然後標上「x5」，我就會很清楚知道這個法條有五個要件。不管是什麼法條或是概念、爭點，我通通用分點的方式，這樣我在背誦的時候就會很清楚這個概念有幾個重點，複習時也能蓋上筆記，將重點重複背誦一次。

這些筆記我都會盡可能的寫在法條上或空白處，法條本身也可以標上號碼，寫不下的就會寫在便條紙、貼在該法條所在的書頁中間。然後不管我所選定的考試書內容有多少，我一定會濃縮再濃縮的寫進《六法》裡，或所夾的便條紙裡。如果內容真的太複雜，擔心自己摘要得不夠清楚，我就會將該內容出現在考試書上的頁數標記上去。作筆記時把握一個重點，就是將所有考試書的內容呈現在《六法》及筆記裡，絕對不漏掉任何一個問題點。即使礙於版面不足、無法完全摘要，我也一定會讓自己可以馬上找到原始內容的出處。這是方便自己在之後複習時，如果有想不起來的地方可以馬上找到答案，不會浪費時間重新翻閱。

這些筆記最後將我的《六法》膨脹得將近有八倍厚，一旦我知道所有唸過的東西都被寫進《六法》以及便條筆記裡，那我就不用再擔心有什麼忽略的地方，只要將這本《六法》與筆記反覆背誦，將內容全部記在腦海，就代表已經將整本書都背了起來。

不曉得大家在記憶的時候是採用什麼輔助方法，有些人擅長聲音記憶，而我在背書的時候很需要畫面。像背英文單字的時候，有人靠聲音就能記住，我卻常常需要反覆大量地抄寫在紙上，才能將單字背下來。這在準備律師考試時也對我影響很大。在回憶內容的時候，我只要想起那些內容存在的書頁的畫面，就可以幫助我想起來。而我的《六法》筆記書也幫了我很大的忙。一般考試用書大部分都是黑白印刷，就算畫上表格，版面也不會有太大的差異，因此我無法用考試書上的畫面幫助我記憶。但我的《六法》筆記書就不一樣了，它是我一筆一筆親手寫下，畫上樹枝圖、標記上編號，貼在書中的便條紙色彩跟張數不一樣，這樣我的《六法》每一頁都可以呈現不一樣的畫面。因為背過也翻閱過非常多次，我很清楚每一個畫面大概長什麼樣子、哪些重點寫在哪個角落，這在背誦及回憶時都提供非常大的幫助。

把筆記逐步精簡，利用零碎時間快速複習

除了筆記之外，關鍵點還是在能記下多少，筆記也只是輔助的工具。而要怎麼記得更多，那就是要多背幾次。事實上愈接近考試的時間，因為記得的東西已經愈來愈多，連《六法》筆記書的內容對我來說也顯得太繁雜。為了讓自己可以

短時間內掌握大量的問題爭點，我在邊複習《六法》筆記的時候還會額外用便條紙作更摘要的筆記。這個時候的筆記會更精簡，省去法條的內容，可能只有法條的條號，然後備註上該法條的主要問題點，再將問題點的要件或要點的數量標記上去，有五個要件就寫上「x5」。我也不會再寫上要點的內容，因為這是幫助複習的筆記，內容都應該已經在我的腦海裡，我要做的是在知道有五點時，能在心裡將五點的內容全部默背出來。除此之外還有綜合法條的整理筆記，例如將同樣有期限的法條整理在一起（如上訴期間），寫上條號再標記上天數，我就可以將所有需要記得天數的法條一起複習一遍。

這樣邊唸書邊作筆記的習慣一直持續到考前，除了幫助記憶，也可以作為下一次複習的工具。我使用的是最簡單的全白便條紙，一張一張可以撕下來的那種，我會在左上角打上洞、用小環扣裝訂起來，這樣簡陋的筆記本使用上反而非常方便，我可以輕易的將內容補充在需要的地方，只要解開環扣、增加一張便條紙就可以。到考試當天，複習筆記已經濃縮成一小疊紙，分成不同的科目一疊一疊的被我裝在小紙盒裡隨身攜帶，需要複習的時候就掏出一疊，看著裡面只剩下重點的標題默背著內容，幾乎一個小時就能夠複習完一整科。這樣的方式讓我到考前可以複習非常多遍，適用於我這樣短期記憶的人，忘記的內容都可以在複習的過程中反覆提醒自己。

我還記得考場是在高雄，那一天我從台北坐車到高雄、住進阿姨家的路程中，我還一直拿著筆記複習。因為實在太過緊張了，我還帶著便利商店集點贈送的文昌帝君好神公仔下高雄，慎重地放在書桌前，才能讓心裡稍稍的感到安慰。這個時候心裡的壓力與慌張真的無法想像，幾乎是一種做任何事情都感覺毫無意義的無力狀態。但因為我有便條筆記，很像汪洋中的浮木給我最後的支撐，告訴我在這最後幾天只要把筆記再複習完最後一遍就好，鼓勵著我就剩最後一哩路了、只要再唸最後一遍就解脫了，我才能在最後的時刻再度專注下來。如果我現在沒有筆記，還在讀當初那些全部疊起來可以比人還要高的考試書，那在最後這一段時間要拿起哪一本、唸哪一段都會感到徬徨。大部分的人應該都會直接放棄這最後的時間，但我還可以再利用，不僅將筆記再複習一遍，也能迴避掉徬徨無助造成的心理壓力。尤其在考試當天，每一堂考科之間的休息時間只有九十分鐘，這樣短暫的休息我沒時間慌張，也不會沒有東西可唸，只要拿出便條筆記，還可以把重要內容再把握一遍。這真的是我認為非常好的準備考試方法。

踩穩每一步，才是應試的最好方法

對於考試，我從來不賭運氣，從來不會只唸考古題、挑重點準備，腳踏實地的讀完全部再去考試，是我對自己最小的要求。我相信將書本裡的東西記得愈多，勝算就愈大。我從不聽考前猜題，也不迷信大師學說、每月拚命的蒐集雜誌文章，我採用最保守、土法煉鋼的方法，將基本的、所有應該知道的內容背熟再去應戰，結果也讓我順利的通過律師考試。這讓我相信這是正確的讀書方法。

即使對於不是法律系的學生來說，像公務員考試也有很多需要背誦的考科，這樣的唸書方法也可以適用，並不拘限於法律。尤其我可以大聲的說，這樣的方法既然能夠讓我在每科只唸一本書這樣準備最小範圍的狀態下，都能成功的通過如此困難以及低錄取率的律師考試，那應用在其他的考試或聯考也一定可以產生很大的幫助。

不容小覷的中國司法考試

考科不同，內容繁雜，準備時千萬別輕忽

中國司法考試強調背誦，只要努力背書，其實通過的機率就會很高，那就很值得付出努力去嘗試。這種記憶型的試驗最適合「作筆記複習法」，再加上克服心理的壓力，再困難的考試也能夠一招致勝。

在考完台灣的律師考試之後，我一直覺得自己的人生一定不會再遇到比這個更難的事。準備考試時最安慰自己的一句話，就是不斷地告訴自己：考完這一次我就解脫了，這一輩子就不用再考試了。結果事與願違。可能是因為野心太大，想得到的太多，就必須要付出更多的努力去換，因此我無可避免的又再次與律師考試相

遇。對於中國司法考試，我在台灣剛考上律師時就曾聽說過，第一次開放台灣人報考是在二〇〇八年。那時候我曾有參加考試的念頭，但因為沒有預想過到中國發展，因此就擱置了。那時候兩岸的法律發展，台灣超前很多，常常有到中國的大學交流的機會。在中國的國際法領域裡，武漢大學是最知名的。有一次我跟著台灣研究所的指導老師到武漢大學交流，印象最深刻的就是那裡的研究生告訴我們，參加司法考試不需要是法律系畢業，而他們本科系同學參加考試的合格率幾乎是百分之百。這讓我留下了一個印象，就是中國司法考試的通過率非常的高。

因應市場需求，中國的律師執照成為必須

到了日本之後，遇見愈來愈多和我一樣到日本留學的中國律師，課堂上也有很多交流。為了準備報告，我也閱讀了很多中國的判決案例，總覺得在法律的思考邏輯上，還是有一點不同。在研究所二年級的時候，陰錯陽差的認識了一位日本律師，我因為希望在日本就業，便跟他打聽在日本的外籍律師就業情形。這才

知道，因為中國經濟起飛，這些年到中國拓展市場的日本企業以及到日本發展的中國企業都非常多，因此對於中國律師的需求突然變高。相較於台灣來講，因為台灣的市場較小，雖然往來的時間長，但因為中國的基數實在太大，如果一間事務所只能供養一位中文律師，大部分的事務所會先選擇中國的律師。在這樣的前提下，如果我想在日本就業，就需要再拿一張中國的律師執照。

中國的司法考試是在二〇一八年改制的。本來的考試開放給不同科系的學生參加，但到二〇一八年之後僅限於法律相關背景的考生，名稱也改為「國家統一法律執業資格考試」。只要是想在中國擔任法律相關的職業，例如律師或法官等，都需要通過這個考試，而台灣人僅能從事律師職業。其實新制的考科變化不大，一樣是八科，但分成客觀題與主觀題，客觀題是選擇題，主觀題則是論述題。新制不僅增加主觀題的比重，還分成兩試，需先通過客觀題後才能參加主觀題的考試，跟現在台灣的律師、司法官考試很類似。

在過去身邊參加過中國考試的同業中，我曾聽過中國的司法考試很簡單、像智力測驗的説法，使我一度也以為中國的考試難度不高。加上高錄取率的印象，使我一直覺得這應該不是一個很難通過的考試，尤其我已經受過台灣律師考試的洗禮，應該可以順利的手到擒來。這樣天真的想法直到我深入了解整個考試範圍後，才知道自己犯了多大的錯誤。

千萬別小看中國司法考試

當時的考試科目分成《民法》、《刑法》、《民事訴訟法》、《刑事訴訟法》、《行政法》、《商法》《經濟法》、三國（包括《國際公法》、《國際私法》及《國際經濟法》），以及理論八大科。感覺似乎比當初台灣律師考試的十三科還少，但這絕對是天大的誤會。除了《民》、《刑》、《民訴》、《刑訴》與《行政法》內容構成與台灣類似之外，《商法》跟《經濟法》絕對不是想像中的那麼簡單。當初台灣的商法科我只需要準備《公司法》、《票據法》、《保險法》、《海商法》四科而已，但中國的商經科還包括《證券交易法》、

《稅法》、《勞動法》、《銀行法》、《社會保險法》、《土地管理法》等等，這些都是完整的一部部法律，有些我甚至沒有接觸過。除此之外，「三國」的內容也是台灣考生比較陌生的領域，因為我是台灣舊制的考生，國際法是出了校門就沒有再碰過的東西。至於理論科是什麼?理論科包含了「中國特色社會主義法制理論」、「法理學」、《憲法》、「司法制度和法律職業道德」及「法制史」。身為法律系學生，聽到這些學科都會有點懵懂的感覺，更不要說一般人。我想不管是誰，看到這些考科一定都會感到卻步。事實上理論科也是我認為比較困難的前幾科，因為台灣人根本沒有接觸過所謂的社會主義，但理論科的內容卻跟社會主義精神緊緊相扣。而且理論科又是占分比例極重的科目，在當時不僅會在選擇題出現，申論題也有出題，是絕對不能放棄的一科。現在即使考試改成了新制，我相信比例依然會很重。

另外，中國司考因為考題大部分為選擇題，也就是有正確答案，因此背誦與記憶的部分特別重要。不像台灣那麼多的理論學說，中國考試並不強調各家學說，關鍵在於法律本身的規定。但絕對不可以因為選擇題而輕忽題目的難度，除了前面說過的，考試科目內容繁多、幾乎包山包海，全部背誦完畢本身已是不可能的任務之外，每一科還都有個別不同的困難點。像是民法，中國沒有《民法典》，因此本該是最詳盡周全的民法規定卻分散於不同的獨立法律（像是《合同法》），無法清楚地建立起完整的法律架構。而刑法，我相信中國絕對是世上刑法規定最嚴峻的國家之一，可能是治亂世用重典的概念，中國的《刑法典》犯罪罪名非常的多，單從法條共有四百五十條就可以看出。再加上每一個條文都暗藏非常多的子罪名，例如光第二〇九條與稅務有關的罪，一條裡就包含了四種罪名，可以推算實際上真正的罪名數和條數應該還有倍數之多。每一個子罪的構成要件都不同，遺憾的是全部都要背起來。罪名之多讓我讀完中國刑法都會感到害怕，很擔心在中國一不小心就構成犯罪。

至於《刑事訴訟法》也同樣非常困難，它有很多中國特有的制度（像是死刑複核程序、審判監督程序等），適用條件、程序與時間都各有不同也不能混淆，所以法律條文非常的多，真的極度考驗記憶力。至於《行政法》就更不用說了，中國的行政層級跟台灣本就不一樣，行政、立法、司法各層級都有相互對應的機關，彼此的牽制加上中央的集權，每一個機關部門的上下關係與監督體系十分複雜，再加上中國與台灣的部門名稱用語有很大的不同，讓我背得暈頭轉向。這樣聽下來，即使中國司法考試不考學說分析、只考背誦，還會覺得它很簡單嗎？

除此之外，中國法律不像台灣是妥妥的成文法。在台灣，立法跟修法都非常困難，但中國的現狀讓我感覺是行政凌駕於立法，尤其以共產黨意思為最高，所以黨中央的意見發布下去，立即就會有行政機關相應的行政命令或辦法，也會有司法機關發布的解釋。這些雖然是行政命令或實務意見，卻可以變更法律的內容，效力也凌駕於既定的法律規定。這在台灣的法律人看來是非常的不可思議，但在中國似乎是一個正常的現象。也因為這樣的操作，法律隨時受到政治的影響而變更，除了基本法條之外，解釋與意見的理解甚至更為重要。因此在準備中國司考的時候要隨時關注新的規定，甚至到考前的最後一刻可能都會有新的解釋或命令出台，那反而都是最容易出題的地方，一定要馬上反應並理解、背熟。而這些法律的不穩定性，更強烈提高了中國司考的難度。

選擇函授講義，省下蒐集參考書的時間

我當時選擇的教材是瑞達法考。這裡不得不誇獎一下中國的遠距教材，因為中國本身幅員遼闊，無法像台灣一樣容易到補習班上課，因此函授講義發展得非常好。首先，教材非常齊全，從一開始最完整的教科書，到考古題、考前猜題還有考前重點整理等，隨著考試時間的接近，就會提供不同的教材。全部的教材都有老師解說，也是隨著課程一部分、一部分的在網站上公布，發布後可以按照自己的進度安排時間上課。因為是網路影片的課程，所以速度也可以自己調整，我到後來幾乎都是用兩倍速聽課，老師閒聊的地方也可以跳過，不會浪費時間。而這些網上的影片都是無限次數可以隨時觀看的，畫質也很好，不需要另外收費，只需要購買書本教材就可以跟著一起上課。而書本教材的費用也不高，記憶中不

到台幣四千元，就可以收到超過三十本的套書。可惜的是這些教材都是分批發行，可能考量到中國法律變動快，老師才能即時做變更。但也因此造成身在台灣的考生購買上的不便，因為不可能隨時有人在中國幫忙收包裹並寄出，所以大部分的學生可能還是必須選擇台灣代理的考試用書。

至於讀書計劃的安排，因為我的輕忽，所以真正開始專心投入準備的時間，其實只有考前的兩個半月。這樣的時間要從無到有，建構並熟悉起一個新的國家的法律其實是非常有難度的，所以可以的話，我建議至少要留有半年的準備時間。而我可以做到是因為在這兩個月裡我幾乎犧牲了睡眠，這實在太傷害身體，心理壓力也過大。僅僅兩個月的時間裡我就瘦了十公斤，還是在完全沒有運動的情況下，如此殺敵一千、自損八百的讀書計劃真的非常不推薦。如果真心想要考上，我希望能夠給自己充裕的時間，腳踏實地的從頭唸到尾一遍。因為這場考試的目的不僅是希望能通過，更重要的是熟悉中國的法律。在考前我也聽說過在兩個月內考上的人，用只寫考古題的方式來猜題，這種方式需要很大的運氣。而我不喜歡靠運氣，更不欣賞投機的讀書方法，所以我選擇腳踏實地的把所有該唸的書都唸完。我相信這樣的讀書方式才是正途，如果將來真的有可能到中國工作，或是實際處理與中國相關的業務，當初只寫過考古題的人好意思告訴別人你是中國律師嗎？不過這也是個人的選擇。而我選擇好好的準備考試。

善加運用便條筆記和考古題

基本上我的讀書計劃就是按照我所買的補習班教材的順序來進行，先從基本的教科書開始，然後寫考古題，最後是考前重點的複習。所用的方法也跟過去在台灣的準備方式一樣，不停地作筆記。我從中國的網站淘寶額外買了分科六法，然後一科一本，每天跟著老師聽完一段落後，一定馬上作好筆記、貼在分科六法的相關條文上，或是直接在條文旁邊作筆記。

作筆記的時候，我一定會把握一個重點，就是這本被我摘要成筆記的教科書絕對不會再翻閱第二遍，聽過的課程也不會再重複聽。在這樣的思考前提下作的筆記，一定是經過自己詳細吸收後所摘要出來的重點，而且要確保一定正確。等到八科全部都聽完課程並且作完筆記後，我進行第一次的背誦，邊背誦邊作筆記，而這些筆記就會跳脫條文的限制，是綜合性的統整，將相關內容的法律規定整理在一起。

這些作筆記的概念其實跟準備台灣律師用的方式是一樣的，不同的是綜合的筆記我不一定會區別成不同法科。在台灣時，我一定《民法》一本、《刑法》一本，中國司考時我反而會整理在一起。這跟中國的考試方式有關，因為當時考試的試卷只有四張，其中三張是選擇題，也就是八科的考試內容會分散在這三張的試卷裡，因此同一張試卷可能同時出現不同法科的考題。為了避免在考試時出現混淆，如果是不同法律但相近似的規定我也會整理在一起，例如民事訴訟程序、刑事訴訟程序、行政訴訟程序的上訴期間，或是再審要件等等。這樣綜合性的筆記在考試的最後準備階段對我的幫助非常地大。

在第一遍背誦完後，我會進行考古題的練習。考古題的演練非常的重要，不同於台灣準備時的情形，中國的考古題非常花費時間，可能是因為他們的考題普遍內容很長，而練習完還需要檢討答案，答案的分析內容同樣很多，所以格外需要時間。我在準備考古題上遇到了很大的麻煩，因為所需時間遠遠超過我所預估的，嚴重影響後面的進度，我一度想直接看答案來做練習。但這樣的效果絕對不好，一定要自己親筆做過，因為選擇題的作答需要手感，沒有常常練習，就無法訓練自己看題與答題的速度。再加上中國考試是簡體字，用語也與台灣有些不同，提高對於中國法律文字的敏感以及對命題方式的熟悉度，絕對是台灣考生很重要的任務，而寫考古題就是最快提升的方法，絕對不能放棄。

但很麻煩的是，在我的經驗上即使是老師撰寫的考題解答，都有錯誤的部分。為了證明自己的想法是正確的，我還要花費時間找正確解答。此外，我在邊寫考古題還有分析答案內容時，還會習慣邊作筆記，把很常出現的問題還有重點整理在筆記上。因為考古題我只會寫一遍，為了不遺忘，過程中發現的重點也一定要出現在最後複習用的便條筆記上。不僅作筆記，我還會把我想得到的所有相關或相似的法律規定一併寫在旁邊作為複習。所以寫考古題雖然很花時間，但這些努力不會白費，我幾乎像是又再一次地複習了一遍，而且是針對已經出過考題的重要爭點做統整性的反覆背誦，寫考古題的效益確實非常的大。

就像我一直不斷強調的，複習是讓自己記得更多的最好辦法，而還有什麼考試是比中國司法考試更重視記憶的？所以在有限的時間內我會不斷地、不斷地將筆記複習好幾遍。整理筆記時背一遍、寫考古題也背一遍，寫完考古題後就是瘋狂的第三遍、第四遍甚至好幾遍的複習，這就是我大致的考試作戰計劃。最後我其實只複習到第四遍而已，因為身體跟心理都無法承受更多。我總在想如果給我更多的時間，一定可以再背得更多、更完整，所以希望每個想應試的人都可以再給自己更多的時間，不要像我一樣留下遺憾。

背多分的考試多參加也不吃虧

儘管只讀過四遍，然而這樣的學習力度應該是夠的。從我最後拿到將近四百分的超高分可以看出，自己確實盡到最大的努力，也收穫了最好的報償。尤其我是改制前一年考上的，也就是二〇一七年，當年因為是最後一次開放不同科系背景的人均可參加，聽說考生將近六十五萬。中國司法考試的合格分數為三百六十分，據小道消息指出，礙於維持每年差不多的及格比例，成績可能會隨著合格人數調整，而非真正的得分。因此很多人都說二〇一七年因為報考人數太多，為了控制合格人數，錄取難度較高。這些小道傳聞究竟是不是真的並不可考，但至少我是在這六十五萬人當中脫穎出來的，還是值得誇獎自己。

中國司法考試究竟值不值得考，這要看個人的生涯規劃，但單純就CP值來說，我認為是值得的。因為中國考試著重在背誦，不像台灣考試內容有太多深不可測的範圍，除了實力還要加上運氣；中國考試不同，只要努力背書，其實通過的機率就會很高，那就很值得付出努力去做。不管什麼樣的考試，我都鼓勵大家踴躍挑戰。如果是記憶型的試驗，那一定要試試我的唯一一招「作筆記複習法」，並克服心理的壓力，再平凡如我也能夠一招致勝。

追求無懈可擊的履歷

用考試與證照，讓自己在茫茫人海中脫穎而出

考試除了是對未來的準備，其實也是對未知的探求。有些技術專長也可以透過考試來測驗自己的天分，甚至能因此挖掘出專長，繼續發展成終身職業。所以與其浪費時間摸索方向，不如先嘗試報考再說。

在日本找到工作，中國的律師執照幫了我很大的忙。因為進事務所的要求就是要有中國律師資格，所以我才能順利地留在日本工作。除了中國律師外，我在台灣時已經取得的律師資格，也在留學時幫我加了分。當時在選擇學校的時候，曾經諮詢過我的大學同學，他推薦我選擇京都大學或大阪大學，這些都是排名前

面的名牌大學。而他自己在一間很優秀的私立大學就讀，雖然同樣是好學校，但排名比較後面，而且私立大學的學費更貴。我問過他為什麼當初不選京都大學，他說他考不上。我很驚訝的說：你的日文這麼好，如果你都考不上，那我怎麼考得上？他說：那不一樣，你是律師，日本對律師的印象就是很優秀的社會菁英，如果是以這樣的資格去報考學校，老師願意接受你入門下的意願更高。

在日本，碩士以上就是師徒制，教授會很重視學生的未來發展，當作是自己人，因此選擇上也會非常嚴格。比起入學考試，如果你要報考的老師本身就有意願收你，那考上的機率就會非常高。我聽了同學的建議之後大膽的選擇報考京都大學、大阪大學及神戶大學，三所學校的老師都有回我信，而最終大阪大學的老師收我為徒。我很清楚自己的日語水平相較其他日本語學校的同學來說不高，當時甚至連日本語能力試驗N1都還沒有考過，但我最後卻比其他同學進入到更好的大學。我不知道是不是因為是律師的關係，但我相信是有部分幫助的，它讓老師在不認識我的狀態下，至少透過我曾經考過律師考試，或是擔任過律師的經歷，認為我應該具有進入到這所大學就讀的資格或實力。

考試成績能成為追夢路上的推手

考試是什麼？考試的成績或結果，其實就是一種讓人認識你最快的方法。每個人找工作時都要交出一份履歷書，這是最初讓應徵的公司能夠認識你的唯一依據。而每一個人遞交的都是一張紙，要如何在眾多履歷書中脫穎而出，就要看你的履歷書有多精采。而除了過去的成長背景、社團經歷外，成績一定是履歷書當中最犀利也最客觀的評價標準。這些成績代表著你所能給人最初的評價，在誰都不認識你之前，也許你會覺得除了成績之外，你擁有更好的人格素質，認為成績不能代表一切，但事實上在現實生活中，成績可能就代表了一切。

在日本就職活動中，第一關一定是寫履歷書，不同於台灣履歷書大多是自由的格式，日本的公司大部分會要求填寫他們公司制式的履歷書，裡面有所有招募公司想問的問題。當中的選項絕對不乏要求提供大學成績單，或是多益等語言考試的成績，甚至是一些專業證照。而這一關通常都是刷下最多人數的一關，在來不及透過面試真正見到你之前，就用履歷書直接把你刷下去。我的先生鈴木也是畢業於大阪大學，他面試了幾間所謂的大手企業（知名的大公司），曾經跟我提到一同面試時遇到的人，大都來自有名的大學。也就是說能進入第二關面試的，要求的標準可能就是要優秀大學畢業的學生。而大學代表的意義是什麼？就是你當初的大學聯考成績。四年前的聯考成績，還是繼續影響你四年後的就職結果，甚至是往後的人生。你認為成績與考試還重不重要？

所以即使再不以為然，對於考試與成績還是要有一定的尊重，因為你不確定在將來的某一天，你有沒有可能需要它，或是受到它的影響。我對於考試也是又愛又恨，它給我帶來很大的痛苦，但我仍舊常常受到它的幫助。所以我害怕考試，卻又時常與考試為伍。對於我而言，考試成績就是一把鑰匙，在很多時候是能實現你最終想望的門票。在進入大阪大學研究所前，我有一個鄰居是印度人，他報考的經濟系博士班需要多益的成績。當時我因為想報考的博士班不需要多益成績，因此一直沒有把這個考試放在心上。但我知道這位印度朋友要考，因此我大方的把從台灣帶來、原本是為了以備不時之需的多益考試書，全部借給了他。在他要報考的時候，他問了我一聲要不要一起參加考試。我原本沒有考試的念頭，但因為他的邀請，而我也想知道自己的英文程度在哪裡，就在沒有計劃之下跟他一起報名。到日本之前我待過澳洲跟美國，也許是剛離開英語系國家的緣故，讓我在沒有準備之下拿了還算不錯的成績。

當時我對於成績沒有其他的想法，結果原本計劃直接唸博士班的我，陰錯陽差地改考碩士班，而碩士班是需要多益成績的。要知道多益這種國際性的語言考試，不是一考完就可以馬上拿到成績，通常都要等上三個月。如果當初我沒有跟印度人一起參加考試，在碩士班入學報名那麼短的時間之內，絕對不可能弄到一個英文成績，那麼我根本連報名的資格都沒有。我就在這麼不經意的一個決定之下，將報名資格的條件準備齊全，當時真的不禁感嘆自己太幸運了。與其說是幸運，不如說是因為我不懼怕考試，也願意參加考試，所以能夠透過考試成績，得到我想得到的一些重要的結果。

如果分數是現實的遊戲規則，何不大膽加入

還記得我在研究所時認識一位學弟，他不是法律系畢業的，所以他唸的是提供給非法律系畢業學生的碩乙班。碩乙班的學生因為沒有大學四年的訓練，在考律師、司法官的時候比較吃虧，至今為止我身邊聽說過以碩乙班學生身分考上司法官的，就只有他一人。從我們認識以來，他就以考試為樂，時常聽說他在參加大大小小的考試，有考上的也有沒考上的。他也從來不避諱告訴我們，他就是喜歡考試，考試的過程中可以給他帶來成就感。他也說過，他最終要去參加司法官考試，如果有一天真的讓他通過錄取率只有百分之一的司法官考試的話，他就真的可以去自殺了。當然自殺只是玩笑話，但可以感受到他對最終挑戰司法官考試的執著。而許多年之後，我在臉書上真的看到他考上法官的消息，從此之後他就不再考試，乖乖當他的司法官去了。爾後再聽見他的消息，都是一些他生活的點

滴。司法官的工作帶給他較高的社會地位，平穩的收入也能維持不錯的生活，我想當上司法官應該就是他的夢想吧！所以說考試還能帶來什麼？有些時候成績真的可以帶給人生多一些便利，或是多一些餘裕，這種想法雖然很現實，卻又很實際，是身在這個世道不得不遵守的遊戲規則。

考試、成績、證照，這些東西就是直到用時方恨少，一定要準備在最前面。因為沒有什麼考試是不需要準備的，即使我所謂沒有準備的多益成績，也是我在菲律賓準備過雅思、待過美國跟澳洲所積攢下的實力。所有的考試成績都不能直到需要時才開始準備，那本來的計劃就會受到延宕。就像當初如果我沒有多益成績，唯一的出路就是明年再參加考試，那麼一年的時間就這樣浪費掉了。生命何其珍貴，要預防這樣的損失，意味著在你想到、在你需要之前，就應該把那些考試結果拿到手。

結合自己的專長，思考自己未來想走的路，不去考量實現的成功率高低，大膽挑戰所有可能需要或用得到的試驗。也沒有人預想過那位碩乙班學弟最後真的會考上司法官，尤其是那麼多法律系唸好幾年的碩甲班學生都還考不上的時候。

夢想是自己的，大膽逐夢才會有實現的可能，就像大膽考試一樣，也許取得了許多好成績之後，開始能得到更多的機會，能看見更多不同的風景，而能做出一些選擇與嘗試，為自己的人生迎來全新的轉彎。就像我自己一樣，沒有多益成績就沒有大阪大學的碩士學位，沒有碩士學位就沒有留在日本找工作的資格，沒有中國律師資格就沒有日本的律師工作。所有的發展與結果都有因果關係，沒有前面的事件就沒有後來的發展，愈往前走才會愈知道需要什麼，而擁有愈多之後才能知道該怎麼繼續往前走，這就是人生，也就是一段一段不停繳交成績作為過路費的過程。

試驗也是拓展人脈與視野的機會

當然這樣面對考試的態度太過空泛，有些人甚至還不知道自己未來要幹什麼，又該怎麼尋找對自己有益的考試。但考試除了可以對未來做預備，其實也是一種對未知的探求。透過考試的準備，可以對自己不了解的領域有深入的認識。原本覺得沒有興趣的專業，也許透過更進一步的了解後，反而產生了興趣。有些技術專長也可以透過考試來測驗自己有沒有天分，也許意外發現自己有某些特長後，可以繼續發展成終身的職業。所以與其浪費時間在摸索思考，不如先嘗試看看再說。

除此之外，考試與執照也容易形成一些團體。在社群交流如此便利的時代，有相同背景與專業的人容易聚在一起，透過社交團體形成小群體。如果具備多種執照或專業，則可以輕易的加入不同領域，有機會認識更多不同背景的人。這對增加視野非常有幫助，也可以累積更多人脈，有機會向更多優秀的人學習。所以面對考試的觀念真的要更正面，尤其不要在考過大學聯考之後就大喊：這一輩子都不要再考試了！

這一輩子還很長呢！

小律師的真心話

用對的方法準備考試

遇上大考就失常？考前臨陣磨槍，光做考古題就急著上場？考試沒有那麼難，用對方法、腳踏實地，沒有無法通過的關卡。小律師教你一步一腳印，攻克考試，讓履歷鍍金。

用固定的環境和作息製造安心感

維持心理的安定、規律的生活以及平穩的環境，對需要穩定心情的考生來說很有幫助。將浮動與突發狀況減到最低，可以讓考生避免浪費時間重新適應環境。

適度的壓力是督促，過度的壓力是傷害

堅持和有毅力是好事，但也要讓自己量力而為。準備考試最關鍵的重點，不是犧牲自己的所有，甚至是健康，而是學會在擁有的有限時間

裡，怎麼聰明的安排，讓自己善用所有的武器。

確認考試範圍，預留適當的讀書時間

考試的目的不僅是希望能通過，更重要的是熟悉內容知識。建議給自己充裕的時間，腳踏實地的從頭唸到尾一遍。準備時間不足，安排的讀書計劃可能傷害身體與心理，非常不推薦。

親手作筆記，讓重點一目了然

作筆記時把握一個重點，就是將所有參考書的內容呈現在一本筆記裡，絕不漏掉任何問題。若無法完全摘要，也一定要標記原始內容的出處，方便自己複習時，不需要浪費時間重新翻閱參考書。

寫考古題不是猜題，而是重新複習

作答需要手感，沒有常常練習，就無法訓練自己的看題與答題的速度。寫考古題過程中發現的重點，也一定要記錄在最後複習用的便條筆記上。雖然很花時間，但就像是再次複習一樣。

第四章

追尋理想工作，成為閃閃發光的自己

沒有事事盡如人意，
只要不後悔自己的所有選擇，
那一切都會是最好的結局。

日本人其實這樣想

禮節與尊重，構成日本人的思考與行為

嚴以律己也律他人的文化，深深影響著日本社會，很有秩序但也少了點人情味。如果能遵守這些運行規則，要在日本生存下來並不困難。意外跟變故不多，人與人的相處模式也變得輕鬆。

在日本至今我已經待了將近八年，從來沒有想過有一天會就這樣留下來。我一直以來認為從小長大的國家才有認同感，如果待在國外，我會搞不清楚自己的定位。但真正來到日本、又待了這麼長的時間之後，我發現其實身在哪個國家跟自己的國籍完全沒有衝突，我可以身在日本但很愛台灣。大學朋友瑜蘋移居加拿大多年，她就曾說過，她覺得加拿大很好，人也很好，所以她樂於居住在這裡，可是她心在台灣。我也是一樣的心情，比起日本的政治、經濟，更多的是關心台灣目前的發展狀況，不管是選舉、時事我都同步跟上。

作為一個台灣人，我從來沒有懷疑過自己，更不會因為身處國外而忘記自己的位置，甚至比在國內時更強烈地感覺到國籍認同，也希望自己身為台灣人，能在日本好好表現。這樣的態度在嫁給日本人之後並沒有改變，也不會因為成為日本配偶而動搖。我時常覺得想藉由結婚或工作來改變自己的國家認同其實有點天真，改變國籍是形式，心裡卻是實質的，從小到大在台灣的養成，不管形式怎麼改變，心態上也永遠不會變成日本人，甚至日本人也不會承認你是同一國的。所以不需要為了生活的地方糾結，我是台灣人，我可以在世界上任一個地方工作。

對日本人的第一印象：有禮的民族

對於留在日本工作的初衷，無法排除另一半存在的因素。不管是在語言學校甚至初入大學院時，我都還一直在心裡盤算回台灣的最佳時機。但就跟當初考大學時一樣，我希望能從家裡出來、住到外面去，我的雙胞胎姊姊希望留在台北，最後卻是我考上台北的學校，她隻身一人到嘉義求學，期待永遠跟不上實際的變化。我在大學院時遇見了現在的老公鈴木，一個小我十一歲的日本人。即使交往後我也沒有完全的把握可以走到最後，所以我給自己的是進可攻、退可守的計劃。如果在日本我可以取得律師的工作，那對於律師經驗的累積不會有妨害，反而是很大的助益，也可以維持和鈴木的關係，也許可以順利的開花結果。因此，在日本當律師變成我的第一目標。

日本，是讓許多台灣人很嚮往的國家。可能是從小看日劇的緣故，對於日本或是日語多少都有些親切感。在台灣的時候，住家隔壁曾經住著一位日本社長，他自己一個人被派到台灣來工作。那時候雖然語言不通，但他常常親切地向我們打招呼。有一次過年，爺爺在家裡一起吃飯，媽媽突然想起爺爺因為受過日本教育，會說一點日語，就想邀請隔壁的社長一起用餐。當時的我還不懂日語，並不清楚他們交談的內容，但過程中氣氛很好，社長也非常親切有禮。時至今日，我還留有對那位社長的印象，可以感覺出來他是很有氣勢的高階管理人，卻又對任何人都很有禮貌，從日本回來也記得帶土產給我們。這是我第一次跟日本人接近的印象。

帶著這樣的好感我來到日本，從就學、打工到真正在這裡工作，也認識各式各樣不同的日本人。就像所有國家裡的人很難用一個形容詞概括全部一樣，有善意的人，就會有惡意的人；有懂得尊重你的人，就會有排斥你的人，我想一路走過來我也算看得很清楚。但這些不同人的存在，並不會從此讓我對日本的評價變得極端，不會因為遇過一次不好的人，把日本評價成一個糟透的國家，因為還是會有些善良的人，及時的讓我覺得溫暖。我想這不光是日本，這就是一個真實的世界，有光明面就會存在陰暗，端看自己願不願用正面的眼光去看待。

我比較喜歡對待事物保持希望，所以在日本不管經歷什麼遭遇、遇到不喜歡我或我不喜歡的人，我仍舊會盡可能的讓自己隨遇而安。尤其已經嫁作人婦，也決定了在日本過下半輩子，那就更應該積極地適應環境，而不是消極地怨天尤人，這是我在日本生活的態度。

凡事以不打擾他人為原則

這個國家給人的感覺，總體來講是很小心謹慎的，也是跟台灣最大的不同。日本人很重視人與人之間的距離，這連帶影響到工作以及生活習慣上。他們不會在電車上講電話，也不會在電車上吃東西，沒有任何法規禁止他們不能做，但這卻已經是他們長久以來的習慣。因為只要是講電話跟用餐，都會影響身邊的人，所以他們很自然地不去做。因此，要推論他們的行為模式其實不困難，從他們不願意影響別人開始思考就可以了。感覺上這些習慣簡直像是模範生，應該被大力推崇，但這樣的思考方式如果再混合上一點冷漠，就可能發展出日本有些疏離以及缺少熱心的社會氛圍。像走在路上，敏感一點的人可能會發現很少聽見孩子的哭鬧聲，當然日本的教育下可能守規矩的孩子非常多，但絕大因素應該還是環境並不允許這樣的吵鬧。在電車上，如果有嬰兒大哭，父母就會在過站時先下車安撫；看到抱著嬰兒的媽媽，也較少人會主動讓位，即使讓位，媽媽通常都會先拒絕，甚至會感覺到她非常不好意思。這種嚴以律己也律他人的文化影響著這個社會，很有秩序但又少了點人情味。

還記得在研究所的時候認識一位中國女孩。她原是交換學生，嫁給日本人後又重新回到校園唸碩士。她在日本待的時間很長，我不確定她對自己國家的想法，但她對於留在日本的態度非常堅決。那時候她評論著另一位中國男生，她說那位男生覺得自己很懂日本，喜歡跟日本同學討論自己對日本的高見，可是她覺得還差遠了，光看他説話的樣子就知道還沒融入日本。當下我並不以為然，覺得那是一股認為自己在日本待得久的得意。但現在，我竟然漸漸可以體悟她說的涵義。在中國男生跟日本同學討論日本的當下，就注定他不了解日本。因為日本人很少跟不熟的人議論旁人，他們不會特別評斷跟自己不相干的人，不輕易在乎別人。

在日本這麼多年下來，我也逐漸改變了自己，我想這不是真正的改變，因為我回到台灣就會打回原形。但我變得安靜多了，那不是指不願意說話，我還是喜歡說話，只是漸漸不主動對外討論別人的事，甚至是自己的事，也不主動帶話題，更不會輕易發表自己的意見。這在台灣是很希罕的事，因為我的性格偏向強勢，至少對於事情的參與都是非常積極的，不喜歡被動等別人來問我，甚至喜歡主動說服別人。尤其我說話坦率，甚至藏不住祕密，不論大小親疏我都可以很自在的跟別人討論心事。

原本以為這是我的個人特色，感覺很有親和力，人緣也都不算太差，所以我並不覺得自己有任何不對。但在日本久了，卻感覺愈來愈不一樣了。儘管我沒有因為這樣聒噪的性格吃過虧，至少明面上沒有被檢討過，但就是愈說愈少，從研究所到工作環境，從大阪搬到東京，我意識到自己愈來愈謹言慎行。這樣的改變，我想大概就是一種適應並且接受這個社會的方法，讓自己愈來愈像個日本人。這樣的修正不見得會讓所有人接受，畢竟許多人喜歡作自己。但我本質還是一個台灣人，不是想變成日本人，只是不想讓自己顯得突兀。如果我決定在這樣的環境下生存，那可能就會需要這些保護色。

在日本，與人相處絕無僥倖空間

在研究所第二年的時候，研究所的老師在尋找台灣學生當翻譯。因為當時符合條件的學生只有我，我只好承擔下這份工作。但翻譯工作連續三天，所以中間有一堂指導教授的課必須請假，我想這是其他教授拜託我的工作，就很自然地認為教授沒有不同意的理由。結果前一天請假時，我卻收到教授非常嚴厲的回信，他認為如果我輕易請假的話，表示對這堂課不重視，他會把我的這一堂課當掉。我當時有點懵，因為這是學校招待的台灣交流團，我也是協助學校的工作，不是因私事翹課，結果卻要因為出公差而被當掉，當下真的覺得莫名其妙。

經過我詳細詢問之後，才了解這樣的情況應該要在答應工作前先詢問指導教授，甚至由負責這次交流事務的教授親自去跟我的老師借人，才是足夠的尊重。這一次的事件不單純是我的過錯，事實上也是在給那位負責的教授一個警告，這是禮貌的問題。在日本，必須謹守人與人之間的禮節，過問別人或是進行牽涉到別人的事情之前，一定要先詢問、取得首肯。我算是指導教授的人，其他教授就不可以輕易的指揮，這就是日本人彼此之間的分界。

這樣的事件讓我學會：要在日本生活，絕對不能夠便宜行事。在台灣，常常會有可以通融一下的想法，不管是約會時間、文件繳交期限、看診時間，甚至是上美髮院的時間，即使規定、約定好了，偶爾還是會自然而然覺得有容許遲到的空間。或是在明知道自己犯錯的情況下，還會狡辯或希望這種小錯誤可以被原諒的苟且。但這些在日本都不被允許，他們就是這樣的一板一眼，盡可能的遵守規矩，也很少存有賴皮狡辯的心態。

在一些細部程序上，也可以感受到日本人的誠實。在外國人的眼光看來，有些規定太過大意，容易讓有心人有機可乘。但這些看似輕忽的規定，卻顯見在日本社會裡，投機取巧的人並非占大多數，普遍也沒有那麼多心思想去占別人便宜。像日本的電車月票一般是可以記名的，但除了記名之外沒有其他防禦機制，如果遺失了，拾得人可以再利用。日本的交通費一般都非常高，如果是半年的月票，甚至可能將近十萬日幣。有一次，一位台灣來的友人說她的半年月票掉了，她心急如焚，因為重新買過的話就沒有公司的補助。她抱著最後的期待去詢問站長並留下聯絡資料，幾個小時後竟然真的接到車站的通知，說是有人將她的車票交回。我驚訝的把這件事告訴日本同學，她悠悠地跟我說，在日本如果在電車上遺失車票跟錢包，一般都找得回來。我卻沒有辦法用同樣的自信告訴她台灣也一樣。

再親密的家族，也會尊重彼此的生活

但如果能遵守這個社會的運行規則，那要在這裡生存下來也不困難，因為意外跟變故會少很多。你不用時刻擔心突然有車輛闖紅燈，不用自然地防備別人搶占你的便宜，因為基本上大家還是喜歡遵守規矩。人與人之間的干涉也少很多，不會有來自牽連九族的親戚關心，也不會有沾親帶故的一堆請託或幫忙，大家過好自己的生活就可以。在日本真的可以尋求得寧靜，即使結婚後，來自鈴木家族的打擾也非常非常少。

有一次，鈴木媽媽打了一通電話給我，一般來說有事情她會跟鈴木叮嚀，偶爾轉交電話給我問候幾句，很少直接與我通話。這一次她特地打電話來是因為她抽中了奧運門票，但那個時候的旅館不是客滿就是價格昂貴，因此她想問我，那幾天方不方便來我跟鈴木的家裡打地鋪。這種事在台灣基本上不用經過同意，我自己或家人都覺得來住這裡理所當然。但日本人不一樣，即使是家人，來了就是一種打擾，所以不僅先徵詢過鈴木同意，還特地再來問過我一聲。這樣的相處模式非常輕鬆，帶點空間與尊重的距離，少了耳邊的紛紛擾擾，生活也可以一直保持著寧靜淡然的氛圍。這是我在台灣很少體驗到的，也是我最喜歡日本的地方。

所以如果你也追求這樣的環境，就很適合來日本生活看看。只是所有的事情都是有捨有得，像我如果想追求心靈的沉穩安靜，那勢必要放棄原先擅長的社交與朋友圈。偶爾覺得自在快活，偶爾感覺孤單寂寞，沒有事事盡如人意，只要不後悔自己的所有選擇，那一切都是好的結局。

在日本，就職如打仗

應屆找到工作，是所有畢業生的目標

一定要讓自己擁有可以洋洋灑灑寫出履歷的背景經歷，這些都不是一步登天、可以立刻得到的成績，一定要提早準備好，在機會來臨時你早已經等在那裡。

在日本找工作有自己的一套秩序，他們稱作「就職活動」，只要是一般的畢業生要找工作，都必須投入就職活動中。

日本的就職活動從每年的三月開始，一直進行到年底，有些公司甚至會偷跑，提早開始，不過會用比較低調的方式，例如實習，目的就是趕在別家公司之前把人才搶下來。一般大學生是在畢業的前一年開始參與就職活動，也就是在大三的下學期、快升大四的那年開始進行。如果順利取得公司的「內定」，就可以在明年畢業後到公司報到。所以找到工作之後，一定要準時畢業，如果沒有拿到畢業證書，「內定」就會被取消。而一般公司員工報到也是固定從四月開始，因此大學生會在三月畢業後，無縫接軌的在四月跟公司報到，這就是日本的就職模式。

耗時耗力的就職活動

在就職活動中要花費多少時間各憑本事，每個公司進行的程序不盡相同，有些公司安排的時間很早、有些公司會比較晚。一般來説，較好的大手企業進行的時間會比較早，中小型的企業會比較晚進行。因為如果太早，跟大企業一起運作，發生考試或面試時間衝突時，可能會被犧牲取捨掉。因此不同規模公司有不同的選才策略，先進行的公司是最好的。但也不是絕對，尤其日本有歷史非常悠久的傳統產業，雖然規模不大卻非常穩定，收入跟福利都很好，所以在超過半年的就職活動中，除了比學歷、條件，甚至還比運氣。太早拿到「內定」的優秀學生也會擔心是不是之後還會有更好的選擇、同時間進行的公司要選擇哪一間面試、哪一家公司勝算較高……幾乎每一個選擇都是賭上全部人生的重大決定。

就職活動一般會分為五個階段進行：填寫履歷表、線上測驗、第一次面試、第二次面試、第三次面試（健康檢查等），每間公司的制度不一定，有些規模不大的公司可能只有兩次面試。因為日本的國土面積比較大，所以公司的人事部很早就開始到各縣市舉辦就職座談會，進行宣傳，這是畢業生可以直接了解公司的機會，對於公司的員工福利與教育等等都可以直接面對面討論。

這些就職座談會有非常多場，因為公司的數量很多，如果錯過心儀的公司，可能就要跑到別的縣市去參加。有些公司甚至要參加過他們舉辦的座談會，才能取得履歷書填寫，所以這些就職座談會的訊息就非常重要。

我當初唸的是大阪大學，在日本是很好的學校，因此在學校裡舉辦的就職座談就非常多；我的日本朋友畢業於專門學校，規模較小的學校就無法提供這樣的資源，需要積極到校外參加。而因為日本公司都是全國徵才，所以除了繳交履歷書以及線上考試可以利用網路，其他幾乎都要到公司所指定的地點參加，像是面試。大部分的公司都是將總公司設在大城市，所以住在遍遠地區的學生就會需要花費許多時間往返。

也許聽起來不會覺得困難，但應屆畢業的就職活動只有一次，若沒有辦法在第一年就順利找到好工作的話，畢業後進行的第二次、第三次就職活動，就會變得難上加難。日本非常重視社會新鮮人，所謂的新鮮，就是要應屆大學畢業，準確的在升大四時的就職活動中找到工作。如果沒有在這一個時期找到工作，明年畢業後再進行第二次的就職活動時，能夠選擇的公司數量就會大幅減少。

日本的就職網站發展得非常便利，在首頁就可以按標準搜尋符合自身條件的公司，不僅是自己要求的條件，公司也會提出他們的，大部分的公司都會希望是社會新鮮人。因此當你不是應屆畢業生，你輸入的條件篩選出來的公司，就會比社會新鮮人少非常非常多。這些條件還包括是大學畢業生、短大畢業生或是專門學校，不同種類的學校畢業生，能投遞履歷的公司數量都不同。所以日本的大學生無法像台灣或韓國學生可以輕易地出國留學或是打工度假，如果因此改變自己應屆畢業生的身分，之後能選擇的公司數量就會變得非常少。

當然不是說留學跟打工度假不好，但有過這些經歷的學生，之後尋找工作就必須採用其他方式，如果還是跟當年的應屆畢業生一起進行就職活動的話，競爭條件上非常吃虧。若有看過日劇《月薪嬌妻》的話就知道，裡面的女主角就是沒有在第一年順利找到工作，第二年之後更困難，最後完全找不到正職，才會到男主角家擔任家政婦。

所以時機點非常重要，是關係今後、甚至可能是一生的工作，所有的應屆畢業生都會非常緊張，盡可能的投更多的履歷；不像在台灣找工作，投一、兩家就等待消息，確定沒錄取再找下一家。日本的就職活動都在同一時間舉行，因此要一口氣報名許多公司。我聽過同學報名四十家公司，還有聽過留學生報名八十幾家。同一時間，每一家都在進行不同階段，可能這一家在寫履歷書、另一家已經在面試；座談會可能今天在大阪、明天在東京，又因為後天在大阪有面試，每天都要計算好行程，在不同城市間奔波。因此就職活動對日本學生來說是非常辛苦的，在金錢上的花費也很巨大，很多學生很早開始打工存錢，就為了應付就職活動時的開銷。但日本公司也很希望能招攬到人才，所以如果進入到面試的階段，甚至會提供交通費，可見公司在應徵員工時，也是投入很多精力與金錢。

盡心栽培正式員工

日本除了費盡心思招收人才之外，在員工教育養成方面也很用心。與台灣不同的是，在台灣如果要應徵工作，有工作經驗的人絕對比沒有工作經驗的來得吃香，因為台灣沒有統一的就職活動，大部分是缺人時就進行招聘，需要能夠在崗位上立即上手的人才，所以有工作經驗的人，就可以透過轉換公司，找到薪資條件更好的工作；但日本的企業不是，他們通常會願意從頭培養新人，認為自己公司的員工，就要由自己公司來培養，有工作經驗的人反而不吃香，最好是一張白紙，從頭接觸到的，就是公司所教導的。所以應徵工作時，一般公司雖然看中學歷，卻不重視主修的科系。除非是專業需求非常高的工作，否則通常都不會限制應徵科系，例如我就有認識的文組學生，應徵上ＩＴ工作，專業知識當然不足，就由公司從頭教起。這是日本公司非常特別的地方。

一般公司會分為綜合職與一般職，綜合職的薪資有升遷，一般職則沒有，而且一般職的工作不太會有變動，綜合職則會隨著年資更換不同工作崗位，要求能熟悉公司的所有營運。因此也可以想成：綜合職的員工比較受到公司的完整栽培，一般職則比較穩定，不會有很大的變動。在應徵初期就會被要求從中選擇，應徵不同類型的職位，要求的條件也不同，綜合職所要求的標準較高。我本來以為一般職因為調薪不容易，可能是條件次等的工作，但後來發現這也是配合家庭狀況的需求。像鈴木公司的女前輩，就在決定結婚後從綜合職申請調到一般職，雖然薪水變得較少，但一般職的員工不被要求加班，也不會有出差甚至調派到其他城市工作的問題。所以對部分重視家庭的職業婦女來說，一般職就是在工作與家庭中取得平衡的最好選擇。

進入公司之後，公司會有自己的培育計劃，在分配崗位之前有幾週到幾個月不等的集體訓練，像鈴木就跟他的同期一起到泰國集訓過。綜合職的員工在分配部門前，不會知道自己最終從事的工作是什麼，而是由人事部在集訓過程中觀察，再加上個人意願的調查後決定，不必然跟自己的科系專業相關。像鈴木是法學部畢業的，最後因為數學好，被分配做財務，這也跟台灣有很大的不同。

日本的企業也因為公司制度的不同分做White企業與Black企業，Black企業就是員工福利不好、加班太多還課扣加班費；White企業就是擁有完整福利制度、不輕易資遣員工、按年資計算薪資，同事間也無所謂競爭。傳統的日本好企業都不太願意資遣員工，因為在日本要轉換工作是非常困難的，有些人終身都會待在同一家公司，而工作也是按年資給薪。近幾年也有出現要改變日本企業終身職的話題，因為只要待得愈久，薪資就愈高，而不看重工作能力，再加上不輕易資遣員工，造成公司出現一些領高薪卻不事生產的員工。當然一般來說，日本人在工作勤奮度上還是世界排名前幾名，但仍不能排除這樣的問題出現，因此一直有提倡改變的議題出現。但時至今日，日本的工作普遍來說還是較為穩定，企業也是以永續經營為目標，不容易聽到突然失業的情形。

除了一般正職工作外，日本也有很大一批派遣員工。派遣員工受雇於派遣公司，雖然在別的公司工作，卻是由派遣公司支付薪水跟提供福利。這也是源自於日本不輕易資遣員工，所以聘雇正社員的成本高出派遣員工很多，一般公司會彈性運作，除了正社員以外，同時也會有很多派遣社員一起工作，以減少人事成本。而派遣工作就有比較大的風險，除了可能會時常被派去不同的公司工作，薪資條件跟工作環境都不穩定，一般是日本人的最後選擇。但來到日本打工度假的外國人，可能在沒有日本學歷的情況下，不容易參加日本的就職活動，派遣公司反而是門檻最低的選擇。雖說是派遣工作，但日本一般的薪資條件還是相較台灣為高，且派遣工作也可以作為一種過渡，在持續有收入的狀態下，尋找自己的下一步，可以更有餘裕去做挑選，也不外乎是一個很好的選擇。

別等機會來了才開始準備

我雖然有日本學歷，但因為是律師的關係，所以沒有選擇一般就職活動的途徑。而且還有一個很重要的原因，在當時我已經年過三十歲，基本上日本就職活動的年限約在二十八歲左右，已經不適用於我；再加上我想找律師事務所的工作，也不適用一般的就職活動。我自己的工作經歷比較異於常規，中間也參雜很大的運氣成分。

當初開始傾向留在日本工作的時候，我剛好在一次翻譯工作中，認識一位在大阪工作的律師，也就是差點把指導教授惹毛的那一次。當時，我接待的是台灣司法官學院派來的法官交流團，他們總共參訪大阪法院、大阪檢察署，還有大阪律師公會。我就是在那一次的律師公會交流會上，拿到這位大阪律師的名片。

因為在翻譯過程中受到很多幫忙，所以我在會後寫信去道謝，也因緣際會有幾次交談的機會。當我提起在日本就業的可能，就是他告訴我要在日本工作可能需要中國律師執照。因為中國的市場基數太大了，在CP值上還是傾向選擇中國律師。但他也告訴過我，在過往的業務接觸過程中，他認為台灣律師的素質是比較高的，很多跟中國律師要面對面溝通的問題，跟台灣律師只要一通電話就可以解決。但遺憾的是，基於中國保護本國律師的立場，還是只能以錄用中國律師為優先。而能夠負擔起台灣律師業務的，大概都是前幾大的律師事務所，才能有足夠的台灣業務量。

聽到這些建議後，我才下定決心去考中國律師，也很幸運地通過了。在放榜的前一天，告訴了大阪律師這一件事，他告訴我如果能夠順利通過，很希望邀請我到他在的事務所一起工作。但當時鈴木已經在東京工作了，我很想去跟他一起生活，所以很猶豫。後來一次聚餐中，我遇到了來自同個事務所的另一位律師，他是台灣與韓國的混血，因此也能看得懂中文。他建議我，以我現在的日文程度，直接挑戰東京的事務所不見得能找到適合的工作，不如先在他們那裡磨練幾年，再考慮去東京。而當時的我也確實還在就讀博士班二年級，我想在去東京前將論文架構底定，多方考慮後，決定進入這間大阪事務所工作。

對於我的找工作經歷，其實說不上什麼甘苦談，尤其見識過鈴木參加就職活動時的辛苦，我就覺得自己沒有什麼好說的。但我覺得至少可以證明一件事：如果我不是一直以來嘗試各種考試的挑戰，累積下豐富的學經歷成績，也不見得可以這麼順利地找到工作。所以我還是想重複地提醒，一定要讓自己擁有可以洋洋灑灑寫出履歷的背景經歷，這些都不是一步登天、可以立刻得到的成績，提早準備好，在機會來臨時你早已經等在那裡。

日本律師的養成之路

專業實力之外，別忘了經營業務能力

待在法律圈裡，真實感受到許多法律人的聰明與才華洋溢。在這個時刻要表現自我並與人競爭的行業，能做的努力就是讓自己在專業和個人魅力上愈來愈耀眼，這是身為律師最困難也是最有意思的地方。

待在日本法律事務所兩年多的時間，除了回家以外，身邊都是律師。我待的事務所是排名前二十的律師事務所，規模很大，有超過六十位律師，加上祕書及其他行政人員，一共超過一百人。這樣的規模在台灣已經是非常大了。我們事務所的日本律師基本上都畢業於東京大學以及京都大學，也就是日本最好的兩所國立大學，要求上算是比較嚴格，也是符合日本看重學歷的文化。

成為日本律師前的兩條路

日本的法曹養成制度跟台灣不太相同，在台灣只要是就讀法律系的大學畢業生就可以參加考試，但日本有Law school的制度，稱做「法科大學院」。「法科大學院」與我就讀的「法學研究科」不一樣，將來要從事法律實務工作的人，要就讀法科大學院；而要從事學術研究工作的，就要就讀法學研究科。日本實務與學術區別得很清楚，而要參加司法考試的人，就必須要從法科大學院畢業。法科大學院與法學研究科的教授雖然有重疊，但大部分還是會有所區別，授課內容也不太相同。從法科大學院畢業的學生不需要寫碩士論文，但可以取得碩士學位，將來也有資格報考博士班，最重要的是可以參加司法考試；相反的，法學研究科的學生沒有參加司法考試的資格。此外，法科大學院的學費較高，很多學生無法支付，為了讓經濟無法負擔的學生也能就讀，也有提供就學貸款的制度，所以很多新科律師在工作頭幾年，都在認真的還學貸。

而日本司法考試的錄取率不低，聽說將近兩成，這比台灣的錄取率高出非常多倍，可能因為法科大學院入學時也要經過考試，所以已經有過一次篩選，因此大部分的法科大學院學生，基本上都能在一、兩年內通過司法考試。而且日本的司法考試是有年限的，必須要在法科大學院畢業後五年內通過，否則就不能再參加。這樣的要求雖然嚴格，但我認為是有道理的。不像台灣的考試制度沒有限制，讓考生可以考到天荒地老。我曾經聽過準備考試十六年的人，這十六年可是人生的最精華，這些人有可能是因為家裡的期待而非心甘情願，也可能是決心不夠甚至在逃避。既然律師這個職業沒有誘人到讓你付出一切，那就盡早尋覓適合自己的人生道路，一直在考海中浮沉蹉跎反而是人生的浪費。我自己雖然是律師，但並不覺得當律師就是唯一的選擇，有更多很好的工作可以挑戰，重要的是自己想清楚就好。

至於是不是一定要讀過法科大學院才能參加考試呢？其實也不一定。日本有一種制度稱做「預備試驗」，是給優秀的法律系學生參加的。參加預備試驗的可以是已經畢業的學生，也可以是在校生，因此非常優秀的學生甚至可以在大三時就通過預備試驗。通過預備試驗的學生，可以免除法科大學院的要求，直接報考司法考試。但預備試驗的錄取率非常低，聽說甚至比東京大學法學部的錄取率還低，因此能夠通過預備試驗的學生，通常都毫無懸念的也能通過司法考試。

我有一位中國朋友就曾經參加過預備試驗，因為日本的司法考試是可以讓外國人參加的，唯一的區別是不能成為公務員，因此不能選擇法官或檢察官的工作，但作為律師是毫無問題的。可惜的是，她告訴我預備試驗實在太過困難，她僅參加過一次就放棄了。在日本準備考試與台灣、中國不同，成本非常高。他們函授的教材完整一套（包括考試教材與考古題），費用大約是一百五十萬日幣。所以不是每位同學都會報名補習班，大多都利用學校的老師所準備的教材或市面上就可以買到的考試用書，因此法科大學院的司法考試合格率也很重要，合格率高的學校就會非常受歡迎。

在優秀的事務所實習，大幅增加內定機率

就讀法科大學院的過程，其實說白了就是司法考試的準備。我曾經參觀過法科大學院學生專用的電腦教室，桌上放著寫滿筆記的考試用書還有《六法全書》，讓我充滿熟悉感，原來哪裡的司法考試學生都是一樣的德性。除了準備考試之外，法科大學院的學生還要在在學時參加就職活動，跟一般的大學生一樣，即使不確定自己什麼時候會考上，還是提早在考前，也就是在學時，先為自己取得法律事務所的「內定」。從第一年一入學後，每個寒暑假都要找心儀的法律事務所實習。這個實習是必要的，除了可以直接了解事務所的氣氛以及內部運作外，事務所找受雇律師通常也會要求一定要先經過實習。因此在畢業的前一個暑假就是最重要的階段，這時候遞交的實習申請，其實已經接近應徵工作的履歷，表明自己有到這個事務所工作的意願。而事務所會按所內的標準先從履歷書上選擇符合的學生面試，面試通過後再安排這些學生實習，一般實習都是一個禮拜左右。

這些實習活動也跟一般的就職活動一樣，絕對不可以吊死在一棵樹上，因為

當你在挑選事務所的同時，事務所也同樣在挑選你。像我們的事務所每到暑假，真的是從第一週安排到最後一週，週週都有新的實習生，而且同時會有好幾位。在實習過程中，會有從合夥人到受雇律師組成的考核團，這些律師會分派實習生工作，也會帶著實習生一起參與開會或開庭，從過程中觀察是不是事務所想要的人才；相同的，實習生也可以在過程中感受是不是自己喜歡的工作氛圍。

在所有實習生中最受歡迎的，就是通過預備試驗的學生。這些學生可以通過錄取率那樣低的考試，因此會優先被考慮，實習的順位通常都被排在很前面。除此之外，好學校以及在校成績好的學生，也會被優先邀請。因為這個時候的實習生們尚未參加司法考試，無法用司法考試的成績來判定，所以在校成績就變得很重要。而這些實習面試其實也存在著競爭，因為各家事務所都在同一時間進行，表現傑出的實習生可能同時會取得很多事務所的「內定」，但最後也只能選擇一家，被放棄的事務所就要繼續尋覓人選。所以愈來愈多的事務所甚至將實習期間提早到寒假，這樣就可以早一步將優秀的人才留下。

但是，這些已經取得「內定」的實習生也不見得會留在法律事務所，因為研修後，還是有選擇法院或檢察署的可能，這樣的現象就跟日本的實習制度有很大的關聯。在台灣，法官及檢察官是一起進行研修的，最後才會分配到法院或檢察署；但律師就不一樣，律師除了參加一個月的集體研修外，剩下六個月到事務所裡的實習工作就要靠自己去找。日本則不相同，在長達一年的研修中，他們稱做「司法研修生」，除了有幾個月的集體上課外，還會被配到法院、檢察署以及法律事務所進行研修。因為日本面積較大，研修生可以選擇自己想要研修的地區順位，大部分會選擇結訓後想執業的地區，因為在同一地區研修的研修生關係會更好，加上地緣關係有助於以後工作的人脈累積。

而在法院及檢察署研修的過程中，會有負責的老師觀察你的表現，要是獲得青睞的話，前輩法官或檢察官就會詢問你到法院或檢察署工作的意願，如果加上最後研修的成績以及考試都表現不錯的話，就可能會被分派到法官或檢察官的工作。在日本，法官與檢察官的年薪高且穩定，因此通常會被優先選擇，但不見得律師工作就不吃香，普遍來講，業務能力強、喜歡挑戰的人還是會傾向選擇律師的工作。

我曾經問過同為法學部畢業的鈴木為什麼不想當律師，他說過去對律師工作沒有很深入的了解，也沒有覺得律師收入很高的概念。相反的，因為要考律師需要唸法科大學院，法科大學院畢業之後還要參加考試，考上了還有一年的實習，所以即使很順利地一路通過考試，真正開始執業後至少都二十六、七歲，比起同輩的人起步晚很多。再加上考試結果存在著不確定性，而且日本薪資普遍不低也很看重年資，所以對於很多日本人來說當律師的成本太高，傾向於儘早出社會累積資歷，不像台灣的法律系學生大部分將律師、司法官考試作為第一步的選擇。

參加各式交流會，提升實力與能見度

此外，自從有法科大學院制度之後，司法考試錄取率也變高很多，愈來愈多的新科律師造成日本也存在著律師人數過多的問題。跟台灣相同，律師人數過多的話就變成用市場機制來淘汰，律師不再是絕對高薪的職業，有些業務能力不強的律師，薪資甚至比一般上班族還差。而我所在的事務所因為頗有規模，所以薪資條件較高，當然遠超過一般上班族的起薪。此外，日本律師的薪資主要還是要看自己的業務能力，業務能力強、案件數愈多的律師，自然薪資更高。再加上日本的案件收費標準比台灣高很多，還有公司法律顧問按月計費的固定收入等，在我的觀察下，如果與相同工作量的台灣律師相比，日本律師的薪水絕對高出許多。

因此除了辦案能力之外，一位律師的業務能力也很重要，除了大事務所有招牌庇蔭之外，一般律師都要想盡辦法招攬業務。根據我在日本的觀察，日本律師很常採用參加研究會的方式推廣業務。這些研究會有大型的，也有小型的，可能是一些專業領域，或是對某一法有興趣的業界人士所組成。例如專門辦理中國案件的律師，就有關於中國法的研究會；對稅法有興趣的律師，會參加稅法研究會。這些研究會都是很正式的進行，有時候還會發行自己的期刊，律師們可以在這些期刊上投稿，增加自己的知名度。另外，這些研究會的成員不會只有律師，也有很多公司法務或從事相關領域工作的人員，有些已經有知名度的律師，也會作為主召集人，自己開設研究會，就是為了吸引不同工作領域的人前來。這樣的研究會除了頻繁的定期小型發表會之外，偶爾也會有正式的大型發表會，不僅有助於專業法律知識的傳播，也很容易促成異界人士的相互合作。

除了自己本身為會員的交流會外，有些專題座談會也會邀請律師作為講師，日本的律師也會很積極參與，這似乎也是推廣業務很重要的管道。而日本研究會或座談會後大部分會安排交流餐會，這些會後的交流會也是很重要的戰場。因為在飲酒後輕鬆的氣氛下，更容易促成互相不認識的人彼此有更多的了解，有了更深一層的交談或認識之後，律師們就更容易推薦自己進而增加業務。這類研究會的入會費都不太便宜，但每位律師至少都會參加一、兩個以上，事務所也可能會幫忙負擔部分的會費。

除此之外，不僅是國內的研究會，國際上的律師交流會他們也同樣積極參與，例如Inter-Pacific Bar Association（IPBA）這種國際性的律師交流協會，我在台灣擔任律師時一次也沒有聽說過，在日本卻很普遍。透過這樣的國際律師交流會很容易接觸到外國的律師，除了可以增加國際案件的合作機會，認識外國律師也能開闊自己的視野。我覺得台灣的年輕律師知道的訊息太少，跟外國律師的接觸也不夠多。這類的國際型律師交流會我真的很推薦參加，尤其以國際業務為目標的律師。

法律界人才濟濟，隨時充實自己才是關鍵

在台灣，因為目前律師業競爭激烈，很多年輕或頗具知名度的律師會用經營臉書或Youtube的方式推廣知名度，但這在日本並不常見。因為日本人較為注重隱私，性格上也偏向嚴謹，利用社交軟體的程度還是沒有亞洲其他國家這麼普遍，我想這也是日本律師不傾向利用社交軟體推廣業務的很大因素。就現階段來說，日本律師要發表文章或分享資訊，還是以設置事務所官網為主，尚未因網路時代而有特別顯著的改變，態度比較保守。像我這樣在臉書經營個人粉絲專頁，

粉絲人數不過一萬多人，但對事務所其他日本律師來說，就已經是很新奇、值得讚嘆的一件事了。

我想在台灣跟日本當律師真的有許多的不同，很慶幸自己可以身在不同的國家體驗並觀察。不管在什麼地方，律師確實都是工作量較多且挑戰更高的工作。相較於其他學科，法律系充斥著文組優秀的高材生，而實際待在法律圈裡，也真實感受到許多法律人的聰明與才華洋溢。身在一個時刻要表現自我並與人競爭的行業，能做的努力就是讓自己愈來愈耀眼，不管是在專業上還是個人魅力上，這是作為律師最困難也是最有意思的地方。我想這一點不管身處哪個國家，應該都會是一樣的。

重新成為菜鳥

想在日本執業，先了解日本律師的生態

受雇經驗對於一位律師來說是珍貴的，也許遇到苛刻的老闆，也許感覺苦到自己，收益的卻是別人。但這些過程，都是成為堪負重任的成熟律師的珍貴養分，不如用更積極的態度面對。

決定離開台灣之後，我就想過不管將來回到台灣還是到哪裡發展，都勢必要重新開始。律師其實是很需要累積經驗的工作，不論是專業實力還是人脈。在台灣的時候，我只是一個單純的受雇律師，受雇律師最大的好處，就是不需要承擔業務的壓力。所有的工作都會由上面的律師交代下來，只要照著去做就可以，這

是一個急速成長的階段，因為可以專注在案件裡。知名律師不外乎兩種類型，一種是專業能力受肯定而著名的律師，一種是行銷能力好而有名氣的律師。如果專業能力強還善於推銷自己，那就是最成功的律師了。而受雇階段就是專業能力養成的階段，因為不需要擔心有沒有案件的問題，只要把手上的事情做好就可以。

律師工作最困難的地方在於專業領域非常廣泛，接觸的案件類型非常多，差異也很大，每一個不同的案件都要重新了解，並對該領域的相關法律實務深入研究，要辦好一件案子，背後要付出很大的心力。尤其受雇律師都還初出茅廬，經驗不夠，所以每一件案子更要全力以赴的準備。這些準備也是一種學習，接觸愈多案子之後，能夠累積更多經驗，就會對工作愈來愈得心應手，逐漸有能力面對不同的案件。每一位優秀律師，都一定走過這樣辛苦學習的時候。

提早獨立不見得是好事

現在因為社群媒體的發展，有愈來愈多年輕律師透過社群管道讓自己曝光，這些曝光機會讓自己的名字被更多人知道，進而快速成為所謂的知名律師。這些律師有些還很年輕，因為快速走紅有機會接到更多案子，所以也提早獨立開起事務所、當自己的老闆。這樣的發展模式我卻認為有點可惜，因為當起老闆之後，業務壓力就迎面而來，這時候就不再是單純的受雇律師，能投注在案件的專注力就會減少。而且獨立之後少了前輩律師的協助，無法從更有豐富經驗的老律師身上學到更多，其實是很大的損失。

我一直認為律師在學校學得的，跟實際工作所需的知識有很大的差異，那些實務操作的技巧無法透過書本學到。所以律師就像是師徒制，有好老師把你領進門，可以省去很多無謂的摸索。而且辦案其實就是把一件對於當事人非常重要的事情轉移到自己身上，雖然對律師來說是一份工作，對當事人來說卻可能攸關生命。如果抱持著做中學的態度，等於是將別人最重要的事情當作練習，這樣的想法非常不負責任。所以有的事務所不會放任沒有經驗的律師自己辦案，一定會由更有經驗的前輩律師從旁協助，這才是對當事人負責的態度。

也因此，受雇經驗對於一位律師來說是珍貴的，也許可能遇到苛刻的老闆，也許會感覺都是自己在辛苦，收益的卻是別人。但這一段過程都是往後成為能堪重任的成熟律師的珍貴養分，我寧願用更積極的態度面對。

比別人多了一次學習機會

當初要離開台灣的時候，我就意識到走完這一遭，我可能又要重新回到最初的階段，再次成為初出茅廬的菜鳥律師。辛苦過的那些年、累積的所有知識經驗，可能都會因為時間的遷移而歸零。你問我有沒有徬徨過？當然有！尤其身邊的同期律師都一步一步地走穩在自己的道路上，發展出自己擅長的領域、開設自己的律師事務所。而我只能眼看著大家的進步，自己卻一步一步地往回走，心裡怎麼可能沒有掙扎。但是世間所有的事情都沒有完美，有想得到的就要付出代價。對於我來說，能夠出國是很早下定的決心，那我就要準備好承擔所有結果。尤其這十年來的歷練，走過的路、上過的學、遇見的人、看過的風景，不僅豐富了我的人生，也讓我深刻地成長，足以往後無窮盡的回味。那麼這些年來對工作的放手，也不是單純的只留下空白。

更何況我對重新成為一個菜鳥保持正向的態度，不過就是重新再學一次！而且這一次的挑戰更加困難，不是在自己熟悉的環境，更不是自己擅長的母語，那重新再來一次又有什麼可惜。時間其實過得很快，但我總想讓人生過得緩慢，當放慢腳步後，每一日的點滴都能仔細品嘗。如果一個人從二十多歲就步入社會，那將來還有三十年甚至四十年的工作時間，為什麼一定要急著早早成功？而成功又是什麼？我想每個人都有自己的定義，每一天好好地過日子也是一種成功。我就是這樣安慰自己。何其幸運，我又重新成為熱血的菜鳥律師，對什麼都能好奇，每一件事都想嘗試；對於辦案還充滿熱情，看當事人的眼光不會只剩下利益。我這樣一位三十多歲的律師還可以做二十多歲律師的事，人生可以重來，我何其幸運。

律師也能遠距離辦公

第一天到日本的事務所的時候，其實我蠻驚奇的。不同於台灣的事務所，每位律師普遍都有自己的個人辦公室；我所工作的事務所就像一般的辦公室一樣，所有的律師都坐在一起。整間辦公室充斥著文書櫃，一排一排的文書櫃放滿了卷宗，用書櫃隔出了許多區塊，每一區塊屬於一個部門，而我們事務所依照專業總共分成七個部門。整間辦公室從中間用走道分成兩半，一半是祕書區，另一半是律師區。這間事務所除了IT部門外，所有的祕書都是女性，而律師大部分是男性，由走道看過來像是用性別做了區隔，壁壘分明。相較於祕書的辦公桌，律師的座位非常大，像是用隔板區分出的小房間。每一個律師的座位擺設都不一樣，有的律師是工作完迅速整理座位，桌上乾乾淨淨、沒有多餘的一張紙；有的律師是從桌面上到桌面下塞滿文件，只剩下桌面一小角放得下手提電腦。

在日本，只要加入一個公會之後就可以在全國執業（台灣也在今年改制成可以全國執業），所以能力強的律師甚至可以接到別的城市的案件。尤其我們事務所在東京有分所，因此也有不少律師時常要跑東京辦公。再加上到外面開會、開庭等需要，所以除了桌上型電腦外，事務所額外配給每一位律師手提電腦與手機，專供工作上使用。除此之外，為了機密文件管理的需要，所有的工作文件都是統一儲存在公用的資料庫裡，只有透過辦公室的桌機以及手提電腦才可以連上公用的資料庫。我覺得這一方面日本事務所做得非常好，尤其是律師工作時常接觸機密文件，有這樣的安全防護機制才可以避免資料外洩。

這間事務所給律師很大的空間，沒有特定的上班與下班時間，甚至是辦公地點都沒有硬性規定，只要有手提電腦在，幾乎任何地方都可以工作。再加上事務所配給的手機，聯絡方面幾乎不會有任何問題。像二〇二〇年初爆發的新冠肺炎疫情，造成許多國家的人無法正常上班、上課，包括日本也是一樣。但因為我們事務所一直維持讓律師在任何地方都可以工作的條件，所以不會因為限制在家而受到影響。這樣的硬體條件我在台灣的事務所很少見，就算是前幾大的法律事務所也無法做到這些支援，但我真的非常提倡這樣的辦公方式。

安靜而準時的日本法院

還記得第一次去日本法院的時候，真的被日本法院的安靜震驚到。在台灣，坦白說我覺得法院有時候真的有點像菜市場，走廊上站滿等待開庭的律師跟當事人，有的互相討論甚至也有當事人在爭吵。而每位台灣律師最大的噩夢，就是「等庭」。只要不是當天的第一個庭，即使法院通知十一點開庭，也很少會準時十一點開，通常都要等很長的時間，甚至是好幾個小時。這些等待開庭的時間真的非常浪費生命，因為除了待在法庭外面，幾乎無法做其他的事情。更可怕的是，同一天可能不只有一個庭要開，如果還有其他當事人在別的法院要開庭，因為上一個法庭的延誤而耽誤下一個開庭的情況真的屢見不鮮，律師們就在這些延誤的開庭時間中疲於奔命。

但日本完全不一樣，法院說幾點開庭就是幾點，非常的遵守時間，絕對沒有所謂的「等庭」。律師時間到再去，開完就離開，法庭外不會有人逗留，整間法院靜悄悄。那種安靜是一開口說話就會覺得自己突兀，原來世界上竟然存在這樣安靜的法院，真是大開眼界。

我想這種差異關鍵就在於日本的法院非常的守時，而除了守時觀念本來就刻在日本人的血液裡之外，這其實也是一種對律師的尊重。再加上日本貫徹書面審理制度，法官不會花費太多時間在法庭上聆聽雙方當事人的意見，大部分是透過律師用書面呈報，省下非常多的開庭時間。這又不禁讓人聯想到日本人淡漠的性格，直接反映在法院制度的表現上。相比起來，台灣的法院更富有人情味，但站在律師的立場，能有一個守時的法院真的是一個遙遠的美夢。

而我們事務所還有一個特點，就是沒有專辦刑案的律師。這不僅是我們事務所如此，在日本專辦刑案的律師本來就非常的少。要知道在台灣能在刑事領域出人頭地的律師，真的都是非常優秀的。因為刑事辯護的能力，尤其在交互詰問時的表現，非常看本事。但日本有很大的不同。日本有一群非常優秀的檢察官，在辦案上非常的謹慎，除非有很大的把握，否則不會輕易起訴。也因此日本刑案律師能夠發揮的空間很少，付出的時間非常多，報酬卻不高，以至於日本律師辦刑案的意願普遍不高。

法官與律師相對平等的職場環境

日本的律師環境與台灣真的有很大的不同，日本的法院與當事人對律師的態度較為尊重，也沒有聽說過攻擊律師的案件發生。尤其是法院，開庭時法官的態度都很客氣。民事庭準備程序時，法官跟律師、當事人一起坐在會議桌旁，用像是閒聊一樣的態度，很緩和地詢問雙方問題，這樣對等的態度讓人有備受尊重的感受。在台灣，不乏態度高高在上的法官，用命令以及不客氣的語氣開庭。這差異的背後因素很多，也許因為養成環境不同，團體氣氛也會有所影響，甚至是工作壓力導致。但我認為關鍵在於日本律師是與司法官一起受訓，同期之間有人當律師、有人當法官，從一開始就是站在比較平等的地位，而不是初次見面就在法庭那樣上下距離如此遙遠的場面，所以心態上對於同為法律人的律師就更為尊重。這一點是我很羨慕日本律師的地方。

這些都是我在日本工作後的觀察。我從來沒有想到有一天會在日本工作，直到現在我都很難想像，自己究竟是什麼時候開始走到了人生轉彎的地方。能夠在兩個國家當律師，我覺得自己很幸運，也很珍惜有這些機會可以增加見識。這一切，大概可以歸功於自己喜歡學習與求知的態度，甚至不惜從頭開始。這樣的選擇不見得讓所有人支持，也不一定正確，但卻是自己一步一腳印、願意往前繼續走的道路。不需要誰的肯定，只要對自己負了全責就好。我堅持一個原則，那就是不管怎麼走，一定要督促自己、讓能力愈來愈強大，這樣不論一條路走到最後結局是好是壞，我都有足夠的能力承擔。

是律師不是辯護士

勇於成為職場規則與人生狀態的開拓者

這些本來與我很難交會的人事物，就因為在日本工作，而在我生命裡留下足跡。不管你現在的計劃是什麼，是不是也像我一樣一直對未來感到猶豫，我都想給予鼓勵，因為人生真的很不可思議。

我在日本的事務所裡，是以外國律師的身分工作，因此工作範圍主要限制在中國與台灣的案件上。事務所有幾位負責中國案件的律師，當他們接到牽涉中國法與台灣法的案件時，就會請我協助。在台灣受雇的時候，前輩律師交代工作給我之後，自己大部分可以獨力完成作業，老闆或前輩律師會從旁協助或給意見，不一定全程參與。但在日本事務所不一樣，這裡還是由日本律師主導，也是由日本律師與當事人接洽，我只能參與中間部分的工作。在業務方面，我跟一般律師一樣應酬、積極拓展人際關係、參加研討會或是聚餐，特別是面對中國或台灣客戶時，日本律師會帶我一起參加。如果客戶對我有興趣，甚至來詢問能否委任我處理案件，我都會先告訴日本律師，再由日本律師接下案件處理。

對外國律師模糊的身分界定

在日語上，律師就叫做「辯護士」，也就是說「辯護士」就是「律師」的日語翻譯。曾經有位女律師在對實習生們介紹我的時候，說我是來自台灣的律師。她用了日語的「律師」這個字眼，而不是「辯護士」。我為什麼能敏感的察覺到她不是說來自台灣的「辯護士」，而是強調「律師」，是因為事實上日語根本沒有「律師」這個說法。我問鈴木，如果你聽到「律師」，你會覺得是什麼？他說感覺像是法師。這就是我疑惑為什麼硬要創造「律師」這個詞彙的原因。我還特別問了日本律師，他們的回答是，在日本，只有在日本律師公會登錄的律師才可以被稱為「辯護士」，為了區隔才會叫我們「律師」。我聽了其實蠻不以為然，難道他們到中國就不稱呼自己為律師，或是名片上不印Attorney了嗎？這難道不是一種優越感作祟？

律師跟辯護士是不同的，這個概念也反映在事務所對待外國律師模糊的態度上。對於日本律師，事務所有完整的制度，包括薪水支付方法、福利升遷、留學外派與業務費用支付計算等等。但這些內容從我進事務所到現在，從來沒有人詳細告訴過我，我從來不知道要如何報銷公帳、如何計算報酬。在我們事務所，如果受雇律師自己接到個人案件，可以額外取得律師報酬的幾成，這是薪水之外的收入。我因為有在經營粉絲專頁，在日本的台灣律師也不多，所以時常會有直接找上我的工作。但這個時候這些案件卻會被其他日本律師取代，費用也會計算在其他日本律師的報酬上，似乎跟我沒有任何的關係。

而出差的時候，每位律師都有一定金額的事務費用可以跟事務所報銷，卻從來沒有人確實告訴我是多少金額，以及在什麼情況下可以報銷。如果出差地點是在台灣，即使日本律師都住在旅館、出入都搭計程車，基本上我還是住在自己的家裡，往來工作地點的交通費用也都是自己支付，因為沒有人告訴我事務所會不會承擔。只有當日本律師提到這個費用我可以報銷、這個可以用公費時，我才會報公帳。我總是不明瞭為什麼日本律師的事務費用可以按照事務所的規定，而我卻像是看日本律師的心情決定，即使我做的這些事是為了公事。

沒有前例，就得自己爭取

我想這跟有沒有登錄外國法律師有很大的關聯。在日本有「外國法辯護士」的制度，只要符合制度所規定的條件，就可以申請登錄，但一定要依附在一間事務所之下，可以是日本的法律事務所，也可以是自己開設的事務所。以我現在的狀態，並不適合自己開設事務所，我的性格也不喜歡當老闆，所以幾乎沒有考慮過自己開，我能做的只有請求事務所幫我登錄。這個問題我詢問過事務所的態度，沒有人反對讓我登錄，可是登錄後需要負擔公會的費用（日本的公會費用很高，每個月超過一萬台幣），如果要登錄，就要重新跟事務所談薪資條件。而且之後要怎麼計算我的報酬、要如何看待我這個律師，也都需要重新考量，畢竟我是第一位要求登錄的外國律師。但日本人普遍保守的性格，做出任何改變似乎非常需要時間，即使在我提出時沒有反對，但也沒有人為我積極的處理。

其實這些態度跟處理方式，對我都沒有存在惡意，只是一直以來他們都是這樣對待外國律師，也習慣這樣處理，不會特別對全事務所唯一的一位外國律師特別仔細規劃。再加上我是女律師，坦白說，日本社會還是非常的保守，尤其對女性工作者。我覺得這個不是大男人主義的壓制，而是日本女性大多偏向喜好以家庭為主的生活態度。不管是再優秀的人，甚至是女律師，如果有了家庭與孩子之後，能夠投注在工作的精力就會大幅減少，她們甚至會跟事務所簽署特別的工作契約，盡量減低工作的時間，也不追求更高的位置或報酬，只為了能夠照顧家庭。事務所有一位女律師在我進來之後的這幾年只見過一次面，因為她一直在家裡生孩子與照顧孩子。這樣的氛圍並不存在任何的強迫，日本女性是真心以對家庭付出為己任。曾經在一次全事務所律師們合宿的時候，一位非常親切的大老闆問我東京的工作狀況，我無奈的說沒有什麼改變，也表示希望能再更忙碌一點。大老闆竟然回答我：妳不是剛結婚嗎？剛結婚這樣是比較好的。這樣的回答其實很暖心，簡直是好老闆代表，但我只能說日本人無法了解我的企圖心與野心。

我曾經聽過其他事務所專門辦理中國案件的律師說過，他們事務所在幾年前也是這樣對待外國律師，其實這是一種比較老派的作法，也就是把外國律師擺放在附屬的位置，不去正視外國律師的發展，比較像是讓他們輔助日本律師。但時代在改變，接觸愈來愈多外國律師之後，日本法律事務所的態度也逐漸變化，只是我的事務所變動得比較緩慢而已。

其實我是一個個性外向的人，與人的相處都非常主動，因此面對事務所大事小事上的一些區別對待，也很少憋在心裡，而是會直接表示我的疑惑。當我詢問其他律師同事時，他們告訴我以前的律師不會像我這樣，過去的中國律師都跟大家保持距離，事務所的活動很少參與，而且都待不久、來去變動很大。所以他們與外國律師接觸得比較少，也很少關心。我想可能就是一直以來外國律師與事務所彼此的態度，逐漸演變成我現在面對的困境。

城市的冷淡，反而更能一視同仁

雖然如此，我們事務所的人其實都是蠻不錯的，尤其搬到東京分所之後。我因為結婚而移籍到東京，使得東京事務所第一次有外國律師進駐。在去東京之前，大阪的律師就跟我說過，東京的工作氣氛比較不同，非常的安靜，而我到東京之後也確實感受到差別。大部分東京人性格較為淡漠，而且很重視禮儀，所以他們對我非常客氣，甚至不太主動跟我說話，也可能還沒抓住如何跟外國律師相處。對於這樣的差異其實我並不介意，甚至覺得有點距離才是正常的同事關係。這樣的工作環境使我非常自在，可以不需要費心的跟人打好關係，也不會像過去一樣因為參與過多而感受到差別。尤其因為東京事務所是第一次有外國律師，所以祕書對待我的態度不會跟其他律師有很大的區別，反而使我覺得受到尊重。在大阪的時候，祕書甚至會因為我不在，而直接把找我的電話轉接給日本律師，事後也沒有知會一聲。這樣失禮的事情竟然會發生在日本，可見過去他們也是一直這樣對待外國律師，所以覺得稀鬆平常，但東京的祕書卻不會這樣。

有一次聖誕節聚餐，每位律師與祕書都要抽籤決定座位，非常恰巧，所有祕書都抽在同一桌，而另一桌全部都是律師，我甚至是唯一的女性。坐在一整桌男律師的中間，我從一開始的拘謹到後來豁出去，開始主動跟他們聊天。也剛好坐在我附近的律師，真的是性格很好的人，他們似乎也是第一次有機會認識我，主動了解我很多事情。我的身邊還坐著一位大老闆，他問我喜歡吃什麼日本料理，我說最喜歡吃鰻魚飯，他便當場約該桌包括我的四位律師一起去吃鰻魚飯。有次中午，他還帶著我和一位年輕律師一起去吃午餐，據說是全東京最好吃的豬排飯。坦白說，雖然在這間事務所我總與其他律師有些差異，他們無法像對其他日本律師一樣對我，但這樣的差異除了有負面卻也包含著正面。為了特別照應我這樣的外國人，他們付出了多一些的耐心，也放低了要求。所以該是抱怨還是感謝，我也常常糾結在反覆的情緒當中。

開放的認識在異國打拚的夥伴

總結這樣的情況，除了我是外國人的身分之外，我也常思考是不是需要再努力拉近與日本律師間差異的距離。不是指他們的工作表現一定比我更好，而是包括語言以及關於日本法的了解。畢竟自己雖然有擅長的部分，但語言上的實力，還有對日本實務的了解，終究跟日本律師有差距，那被差別對待就是理所當然。在日本工作，既然是自己的選擇，就不能把一個外國人在日本工作想得太簡單，尤其還是門檻更高的律師行業。所以未來還要努力的有很多，我不能夠輕易消沉或放棄，要直面自己的決定，並將這坎坷的道路走平。偶爾會回頭想：如果是在台灣，就不用面對這些問題。但我與鈴木的家就在這裡，這些「如果」早已不是選擇題。我唯一的選擇就是再更努力，用過去一直自豪的毅力與勇氣拚過去。

事實上這條路也不全然是荊棘，其實我有很多收穫。因為工作的關係，所以我不像在台灣時有老闆擋在前面，必須要自己去面對人群。為了開拓人際關係，我若想要藉由台灣人的身分，主動接近在日本的台灣人跟中國華僑，那就必須訓練自己成為社交型的人物。雖然坦白說，過去我總對人脈這樣的討論不以為然，也不希罕帶著目的性的交往，所以我雖然善於認識新朋友，卻不熱衷於社交應酬。但這些排斥心理我也漸漸地克服了，因為它其實就只是一個大人世界的遊戲，是我自己不想長大而已。離開校園後，因為已經沒有那麼多的餘力跟機會可以像過去累積相知相惜的朋友，不管是什麼交往都會變得社會化，變成更快速的交易。如果互相能帶來幫助或利益，那就可以稱兄道弟。

我漸漸釋懷這樣的來往，甚至覺得很有效率。而且誰說當中沒有誠意？至少我面對任何人都是真心實意的，沒有要利用人也不帶現實的眼光，並假設別人也是這樣對待我的。這個轉念逐漸讓我沒了那些不適應，也可以找到當中的樂趣。而確實我也透過這樣的社交場合認識許多很好的前輩，甚至是許多一起在日本努力的台灣人。雖說在台灣的都是相交十幾年以上的好友，但終究遠水救不了近火，這些同在日本奮鬥的同志，有時真能給我很大的幫助跟支援。

永遠不要放棄探尋未知

透過工作，我增加了許多能接觸到很多優秀傑出的企業家與老闆的機會，甚至因此可以與在台灣只能遙望的台灣大律師們互動，這些都是因為在日本工作的條件而帶來的可貴經驗。從中我也學習到很多，像是因為案件而認識一位在日本發展很成功的料理家，她知道我也喜歡烘焙，總會把新研發的食譜與我分享；作為一位在日本生活很久的前輩，她給了我許多人生經驗的建言。曾有因緣際會認識的台灣大老闆，詢問我有沒有興趣加入他在日本計劃發展的事業；也有透過交流會認識的菲律賓華僑律師，因為投緣從此把我當妹妹看待。更因為我在日本工作、生活的經歷，讓我現在正提筆寫下這一本書。

這些本來與我很難交會的人事物，就因為在日本工作，而在我生命裡留下足跡。這一切都是因為我是這樣一位在日本的台灣人，而讓一切變得特殊，增加了那麼多緣分與機遇。這些點滴豐富了我在日本的生活，讓我在各方面都愈來愈富足。雖說在日本工作還有許多需要克服，但我真的已經是個擁有很多的人了。

未來，我還是會繼續在日本努力奮鬥，還有很多想做的事、想完成的目標，不論是繼續留在這間事務所還是選擇其他。所以，不管你現在的計劃是什麼，是不是也像我一樣一直對未來感到猶豫，不知道自己究竟想出國還是想嘗試新的領域，想換工作還是想繼續學習，我無法給出答案，只想給予鼓勵，因為人生真的蠻不可思議的。就是因為未知才會這樣有趣，所以我也還在繼續追尋。

就讓我們一起努力吧。

小律師的真心話

日本的求職與就業指南

渴望在日本生活，又擔心找不到工作？在日本就業，哪些眉眉角角絕不能輕忽？小律師帶你從生活、學習開始，了解外國人如何在日本找到工作。調整心態，保有彈性，你也能成就理想的自己。

守時守禮，絕不心存僥倖

在日本生活，絕對不能便宜行事。在台灣的時候，常常會有可以通融一下的想法，或是明知道自己犯錯，還會希望被原諒的苟且，但這些在日本都不被允許。只要遵守這些規則，在日本生存並不困難。

外國人就業，派遣也是一種選擇

外國人在沒有日本學歷的情況下，不容易參加日本的就職活動，派遣公司門檻最低，也不外乎是一個很好的選擇。派遣工作可以作為一種過渡，在有收入的狀態下，更有餘裕的尋找自己的下一步。

別害怕重新學習，菜鳥也是一種幸運

對於在異國重新踏入職場保持正向的態度，不過就是重新再學一次。而且這一次的挑戰不是在自己熟悉的環境，更不是自己擅長的母語，難度加倍，那重新再來一次又有什麼可惜。

不合理的對待，勇敢表達才有轉機

對外國律師的態度跟處理方式，不一定是惡意，只是一直以來的處理習慣。日本人普遍保守的性格，做出任何改變非常需要時間，主動提出疑問，才能使困境得到注意。

結交夥伴，讓異國奮鬥不孤單

透過社交場合，可以認識許多有經驗的前輩，甚至是許多也在日本努力的台灣人。雖說在台灣的都是相交十幾年的好友，但終究遠水救不了近火，這些同在日本奮鬥的同志，有時真能提供很大的幫助跟支援。

寫在最後

下筆撰寫這本書我其實是有點不好意思的，也跟總編輯討論過是不是有資格寫這樣的書，畢竟比我優秀的人太多，而我也尚未走在所謂成功的路上。但我也抱持著另一種想法：如果我覺得這些習慣或態度，經過自己的試驗與琢磨證明是好的，那就應該有自信地跟所有人分享。每次新書發表會或是粉絲專頁上，總會有朋友寫訊息或甚至寫信給我，分享他們的故事，告訴我因為受到我的影響所以做出了一些改變。這種時刻，就覺得這些分享很有價值，也是我持續寫書的動力。走到現在已經不是年輕人的我，還是希望持續以熱情的心態面對人生，將自己奮鬥過的經歷寫出來，也是一種提醒與鼓勵。希望所有與我有緣分而閱讀到這本書的朋友，都可以在書中找到讓自己觸動的那一個點，然後可以感受到正面的影響。

雖然這個世間不太公平，有天分的人那麼多，有些人的起跑點那麼高，但我相信努力是最不會被辜負的事。不要把眼光放在別人身上，看著自己就好，會發現一點一滴都有成長。

祝福每個願意努力的人，最後一定會得償所願。

謝謝我人生中不可或缺的貴人，他們帶給我幫助、困難，或是一直跑在我的前面，讓我總有目標能夠學習與跨越；更謝謝我的家人與鈴木的家人，還有鈴木，他永遠會是我最愛的人。

●參加日語測驗的准考證

●日本語言學校上課實況

●日本語言學校的同學們

●成為麵包店師傅

●小而溫馨的麵店

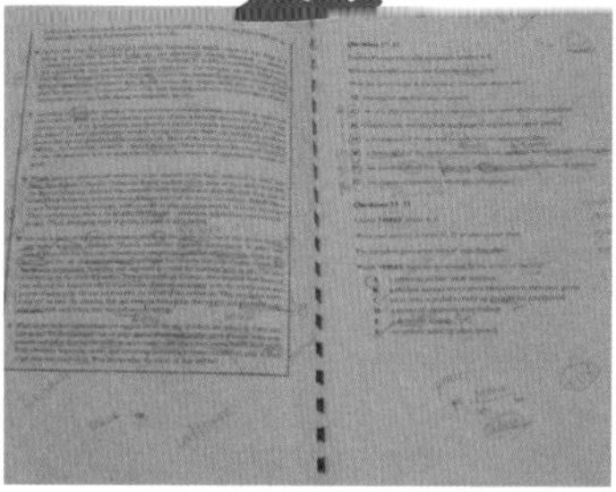

•準備雅思的教材

•在麵店打工

•菲律賓英語學校的同學

•菲律賓英語學校的自習教室

•菲律賓英語學校上課狀況

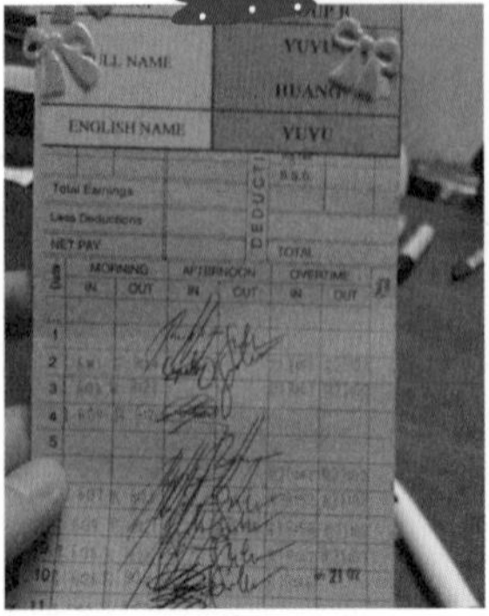

●菲律賓英語學校的打卡單

●邀請日本朋友來家裡

●與日本朋友一起在家遊戲

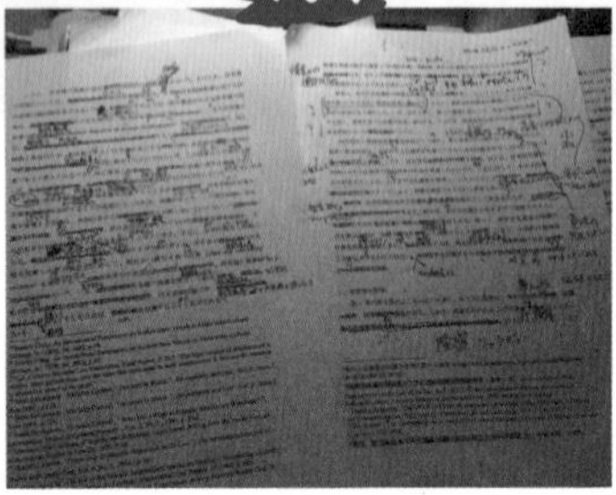

●論文修改途中

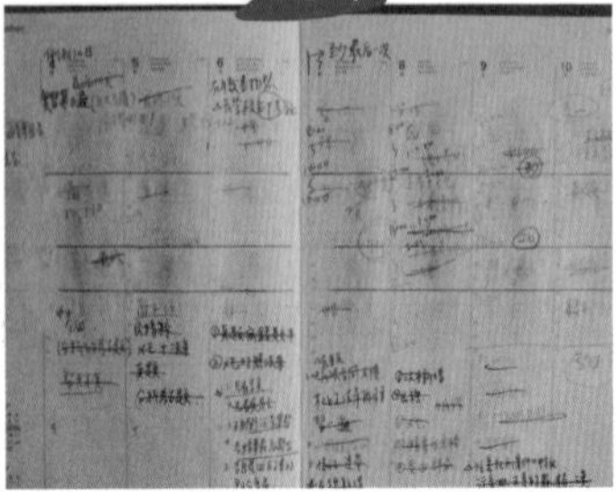

●準備律師考試時的讀書計劃表

•考博士班的口試準備

•參加馬拉松

•日本留學時的研究室書桌

•日本留學時研
究室的朋友們

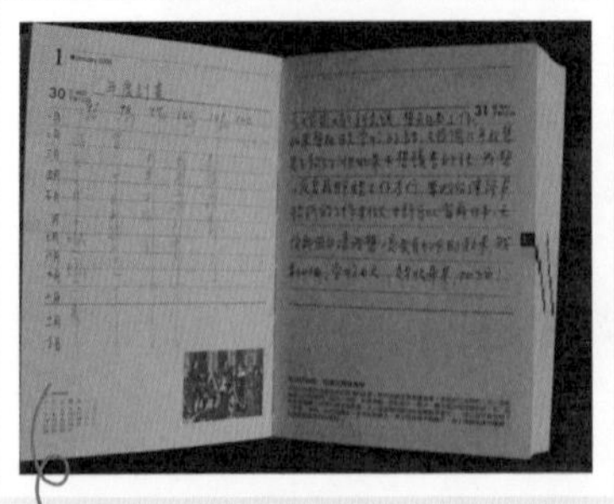

•五年計劃日記

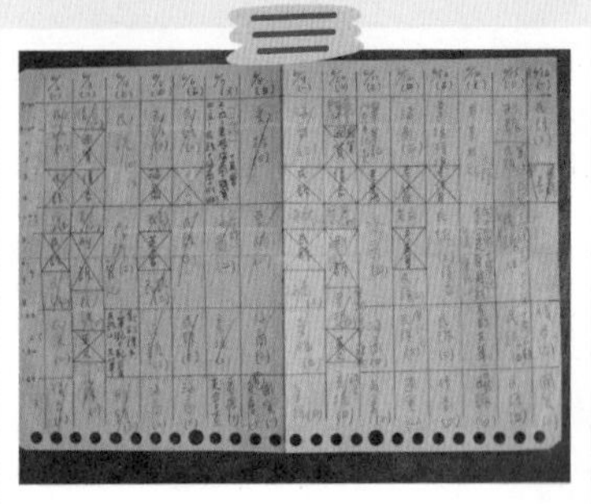

•大學時的讀書計劃表

•馬拉松完跑

•論文完成

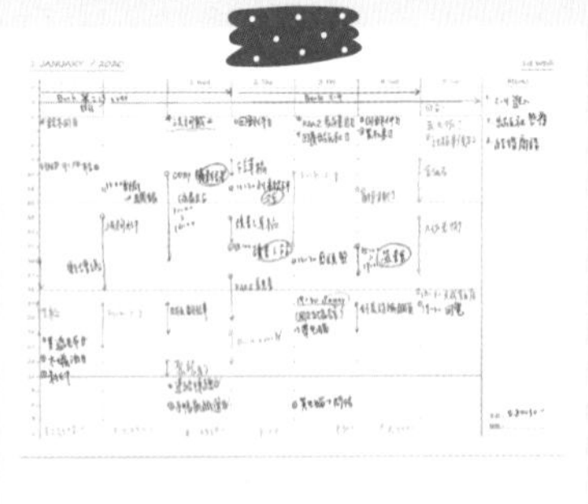

•用手帳安排時間

•在唐吉軻德打工

•我的便條紙筆記

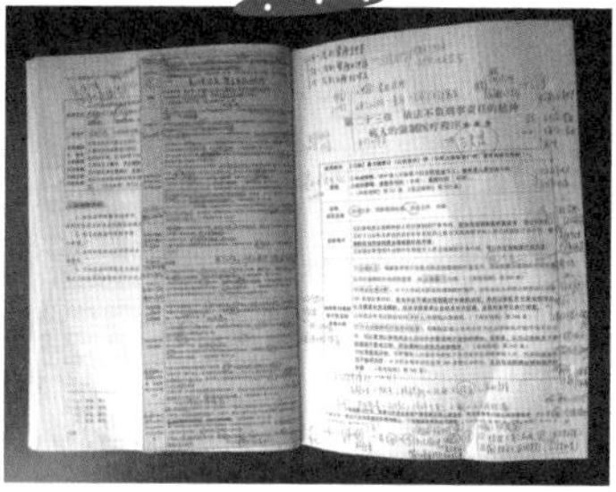

•準備中國律師考試的筆記

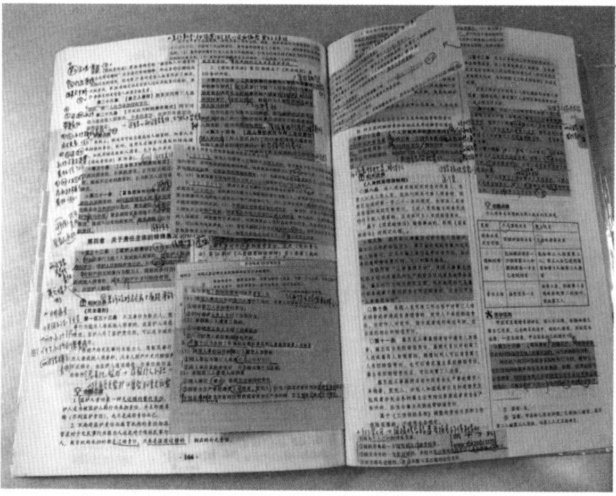

•準備中國律師考試的《六法》筆記

直到最後的最後，我都會堅持下去！

小律師的逃亡日記2

作者　黃昱毓
編輯　洪瑋其、簡語謙
校對　洪瑋其、藍匀廷、黃昱毓
美術設計　劉錦堂

發行人　程顯灝
總編輯　呂增娣
編輯　吳雅芳、簡語謙
　　　洪瑋其、藍匀廷
美術主編　劉錦堂
美術編輯　吳靖玟、劉庭安
行銷總監　呂增慧
資深行銷　吳孟蓉
行銷企劃　羅詠馨
發行部　侯莉莉
財務部　許麗娟、陳美齡
印務　許丁財

出版者　四塊玉文創有限公司
總代理　三友圖書有限公司
地址　106台北市安和路二段二一三號四樓
電話　(02)2377-4155
傳真　(02)2377-4355
E-mail　service@sanyau.com.tw
郵政劃撥　05844889 三友圖書有限公司

總經銷　大和書報圖書股份有限公司
地址　新北市新莊區五工五路2號
電話　(02)8990-2588
傳真　(02)2299-7900

製版印刷　卡樂彩色製版印刷有限公司

初版　二〇二〇年八月
定價　新台幣三三〇元
ISBN　978-986-5510-31-2（平裝）

國家圖書館出版品預行編目（CIP）資料

直到最後的最後，我都會堅持下去！小律師的逃亡日記 2 / 黃昱毓作. -- 初版. -- [臺北市]：四塊玉文創, 2020.08

面；　公分

ISBN 978-986-5510-31-2(平裝)

1.成功法 2.語言學習 3.日語

177.2　　　　109009497

地址：　　　縣/市　　　鄉/鎮/市/區　　　路/街

段　　巷　　弄　　號　　樓

廣　告　回　函
台北郵局登記證
台北廣字第2780 號

SANYAU

三友圖書有限公司 收

SANYAU PUBLISHING CO., LTD.

106　台北市安和路2段213號4樓

SANYAU
三友圖書
讀書俱樂部

「填妥本回函，寄回本社」，
即可免費獲得好好刊。

\ 粉絲招募歡迎加入 /

臉書／痞客邦搜尋
「四塊玉文創／橘子文化／食為天文創
三友圖書——微胖男女編輯社」
加入將優先得到出版社提供的相關
優惠、新書活動等好康訊息。

四塊玉文創×橘子文化×食為天文創×旗林文化
http://www.ju-zi.com.tw
https://www.facebook.com/comehomelife

【黏貼處】對折後寄回，謝謝。

親愛的讀者：

感謝您購買《直到最後的最後，我都會堅持下去！小律師的逃亡日記 2》一書，為感謝您對本書的支持與愛護，只要填妥本回函，並寄回本社，即可成為三友圖書會員，將定期提供新書資訊及各種優惠給您。

姓名 ______________________ 出生年月日 ______________________

電話 ______________________ E-mail ______________________

通訊地址 ______________________

臉書帳號 ______________________

部落格名稱 ______________________

1 年齡
□ 18 歲以下 □ 19 歲～ 25 歲 □ 26 歲～ 35 歲 □ 36 歲～ 45 歲 □ 46 歲～ 55 歲
□ 56 歲～ 65 歲 □ 66 歲～ 75 歲 □ 76 歲～ 85 歲 □ 86 歲以上

2 職業
□軍公教 □工 □商 □自由業 □服務業 □農林漁牧業 □家管 □學生
□其他 ______________________

3 您從何處購得本書？
□博客來 □金石堂網書 □讀冊 □誠品網書 □其他 ______________________
□實體書店 ______________________

4 您從何處得知本書？
□博客來 □金石堂網書 □讀冊 □誠品網書 □其他 ______________________
□實體書店 __________ □ FB（四塊玉文創／橘子文化／食為天文創 三友圖書 —— 微胖男女編輯社）
□好好刊（雙月刊） □朋友推薦 □廣播媒體

5 您購買本書的因素有哪些？（可複選）
□作者 □內容 □圖片 □版面編排 □其他 ______________________

6 您覺得本書的封面設計如何？
□非常滿意 □滿意 □普通 □很差 □其他 ______________________

7 非常感謝您購買此書，您還對哪些主題有興趣？（可複選）
□中西食譜 □點心烘焙 □飲品類 □旅遊 □養生保健 □瘦身美妝 □手作 □寵物
□商業理財 □心靈療癒 □小說 □其他 ______________________

8 您每個月的購書預算為多少金額？
□ 1,000 元以下 □ 1,001 ～ 2,000 元 □ 2,001 ～ 3,000 元 □ 3,001 ～ 4,000 元
□ 4,001 ～ 5,000 元 □ 5,001 元以上

9 若出版的書籍搭配贈品活動，您比較喜歡哪一類型的贈品？（可選 2 種）
□食品調味類 □鍋具類 □家電用品類 □書籍類 □生活用品類 □ DIY 手作類
□交通票券類 □展演活動票券類 □其他 ______________________

10 您認為本書尚需改進之處？以及對我們的意見？
____

感謝您的填寫，

您寶貴的建議是我們進步的動力！

【黏貼處】對折後寄回，謝謝。